DE

LA RÉGENCE D'ALGER.

$Lk^8\ 295$

L

IMPRIMERIE DE Vᶜ DONDEY-DUPRÉ.

DE LA RÉGENCE D'ALGER

(NOTES SUR L'OCCUPATION.)

PAR

EUGÈNE CAVAIGNAC,

CHEF DE BATAILLON EN NON ACTIVITÉ.

PARIS.
VICTOR MAGEN, ÉDITEUR,
21, QUAI DES AUGUSTINS.
—
1839

NOTE PREMIÈRE.

Ces Notes sont extraites d'une collection destinée d'abord à un plus grand travail. On les donne telles qu'elles sont, pressé que l'on est de provoquer l'examen de la question de colonisation en Afrique, qui paraît admise, mais qui cependant n'a point encore été discutée. On ne doit demander à ce travail ni le style ni les développemens d'un ouvrage; ce que l'on y trouvera, c'est l'expression d'une entière conviction. Elle se fonde sur sept années d'examen. C'est surtout à ceux qui connaissent déjà la régence d'Alger que l'on adresse ces Notes.

NOTE I.

Des autorités indigènes établies sous la direction ou sous le patronage de la France.

A diverses époques, et dès 1830, des essais ont été tentés par les gouverneurs qui se sont succédé en Afrique pour fonder dans la régence un système d'administration mixte, qui consiste à placer entre l'autorité française et les Arabes, des agens intermédiaires, pris soit parmi les Arabes eux-mêmes, soit, plus souvent, parmi les Turcs, ou leur descendance directe. Récemment la province de Constantine vient d'être organisée d'après cette idée ; enfin, et sur un plus grand théâtre, Abd-el-Kader qui, aux termes du *texte français* du traité de la Tafna, avait reconnu la souveraineté de la France, Abd-el-Kader, disons-nous, n'est, pour ceux qui croient à cette clause du traité, qu'un dépositaire de notre pouvoir. Le moment paraît donc convenable pour l'examen des résultats connus des essais tentés jusqu'à ce jour et des résultats probables des efforts récemment renouvelés. C'est là l'objet de cette note.

§ I.

Traité du général Clauzel avec le bey de Tunis.

L'entrée des Français à Alger avait été suivie de l'évacuation de cette ville par les familles turques les plus importantes par leurs richesses ou leur crédit. Quelques jours après, la milice turque toute entière avait dû partir, chassée de la régence, pour avoir, disait-on, conspiré contre l'occupation française ; enfin, la chute de la puissance du dey avait entraîné comme conséquence inévitable celle de tous les délégués de son pouvoir auprès des Arabes, qui n'avaient jamais voulu être que les ennemis vaincus des Turcs. Lors donc que M. le général Clauzel vint prendre le commandement de l'armée d'Afrique, cette armée se trouvait en présence immédiate des populations arabes de la régence. Il n'y avait pas de guerre générale encore, et les Arabes ne voulaient peut-être pas la provoquer ; mais ils venaient de voir tomber leurs chaînes, et c'est tout ce qu'ils comprenaient dans ce qui venait de se passer. Ils ne reconnaissaient point, ils ne pouvaient reconnaître à la France, un droit qu'ils n'avaient jamais reconnu aux Turcs. Nous n'étions pas pour eux de nouveaux maîtres, mais des libérateurs auxquels ils ne devaient point de reconnaissance, qu'ils détestaient à cause d'une religion que leurs traditions, que le récent souvenir des Espagnols leur avaient appris à regarder comme ennemie, et que, tout au plus, ils pouvaient souffrir comme voisins nécessaires.

Nous admettons qu'on n'avait pu faire mieux ; que la force des choses et l'émigration volontaire ou forcée des Turcs avaient rompu la chaîne du temps, la succession du gouvernement, la tradition du pouvoir ; mais ces faits, pour avoir été inévitables, n'en étaient pas moins graves, et le général français allait avoir à choisir entre deux partis. Il lui fallait ou aliéner nos droits par des traités avec les Arabes, s'ils avaient consenti à traiter, s'il était possible surtout de le faire avec une population encore engourdie, et qui n'avait à présenter ni union, ni chef, ni garanties, ou obtenir par la guerre une soumission qui allait être refusée avec toute l'énergie que donnent le besoin de liberté et les passions religieuses.

Traiter, c'était, sans se réserver de sûreté pour l'avenir, donner aux Arabes le temps de se reconnaître et de s'organiser. Faire la guerre était préférable, sans doute; mais alors il fallait attaquer la régence sur tout son front de deux cents lieues de côtes; il fallait que la guerre fût énergique et soutenue, qu'elle n'eût pour terme que la soumission complète du pays. Or, dans les cironstances d'alors, non seulement la France ne pouvait fournir à une pareille entreprise; mais il était possible qu'il lui fallût prochainement rappeler en partie son armée d'Afrique, et réduire son occupation à l'enceinte de la ville qu'elle venait de conquérir. Il était probable même que cela deviendrait nécessaire.

En présence de cette difficile alternative, M. le général Clauzel, avec cette sagacité merveilleuse, qui lui fait toujours deviner ce que les autres cherchent, comprit qu'il était un moyen d'éviter à la France une entreprise coûteuse, une charge alors trop pesante.

Le grand obstacle pour elle à obtenir la soumission des Arabes résultait de la différence des religions. Si on les sommait de continuer à payer la dîme prescrite par le prophète (et c'est là toute la question), ils allaient répondre que le prophète avait voulu qu'elle ne fût acquittée qu'entre les mains des fidèles. C'est donc une autorité soumise à la même loi que les Arabes qu'il fallait leur imposer; mais il le fallait promptement; car si la chute du gouvernement turc était trop récente pour que les Arabes eussent tous apprécié l'importance d'un pareil événement pour leur avenir, quelques-unes cependant avaient pu le comprendre ; la cessation brusque de toute organisation était fâcheuse sans doute ; mais cette organisation allait renaître quelque part au sein de ces populations réunies bientôt par un intérêt commun, et c'est ce qu'il fallait prévenir.

Le général résolut donc de confier l'administration du pays à telle autorité musulmane qui voudrait s'en charger, à la condition de le faire pour le compte et sous la protection de la France.

Trouver parmi les Arabes eux-mêmes des hommes propres à cette entreprise était ce qu'il y avait de mieux assurément, et nous ignorons si des efforts suffisans ont été dirigés dans ce sens ; toutefois il importe de remarquer que la politique soupçonneuse des anciens maîtres ne s'était point prêtée, bien loin de là, à l'existence et au développement d'une aristocratie arabe ; que les hommes jouissant d'une influence générale, ou au moins très-étendue, sur lesquels aurait dû se fixer un choix, sous peine de manquer de chance d'avenir, que ces hommes, disons-nous, n'existaient point, et que, s'il existait quelques traditions de grandes familles, ces traditions s'étendaient à peine au-delà du cercle même de chaque tribu. Il importe de remarquer aussi que non seulement la politique des Turcs n'avait pas voulu laisser naître des prépondérances de tribus ou de familles ; mais que, bien plus, elle avait servi leur domination en entretenant ou provoquant, au besoin, des unes aux autres de profondes haines ou de vifs ressentimens, qui devaient être un obstacle à l'établissement d'une autorité centrale indigène.

Où fallait-il donc aller chercher le personnel d'une administration musulmane? Ce n'était pas, sans doute, à Constantinople, qui n'eût vu dans ce choix qu'une restitution. Le pacha d'Égypte était déjà trop puissant pour que l'on pût sans danger introduire ses agens dans la régence. C'était donc aux états barbaresques de la côte d'Afrique qu'il fallait s'adresser. Leur existence, fondée sur les mêmes principes que le pouvoir que l'on venait de détruire et qu'il fallait remplacer au plus vite, était, du reste, une garantie de succès actuel auprès des Arabes.

C'est par ces motifs successivement appréciés, il est permis de le croire, que le général commandant l'armée d'Afrique fut amené à vouloir traiter avec la régence de Tunis. Si l'on se reporte à cette époque, si l'on se rappelle la position de la France alors, et, nous le répétons, si l'on comprend bien que les Arabes n'étaient point encore arrivés à mépriser la puissance turque, que nous venions d'humilier sans doute, mais que nous n'avions pas annoncé vouloir détruire; si l'on tient compte de ces motifs, on n'hésitera pas à reconnaître que M. le général Clauzel avait donné au problème de notre établissement dans la régence, la véritable solution du moment.

C'était beaucoup d'épargner à la France une préoccupation et un embarras de plus; c'était beaucoup de rétablir la succession des affaires dans ce pays; c'était beaucoup enfin de ne point mettre les populations arabes brusquement en contact avec nos idées, nos règles, nos nécessités de gouvernement, avec notre civilisation, qui se présentait à eux à la bouche des canons.

On a souvent parlé de cet architecte, qui, peu satisfait de l'alignement d'une maison située dans la propriété qu'il venait d'acquérir, la fit abattre et reconstruire à quelque pas de là. Cela est permis aux particuliers qui ont de l'argent et sont pressés de jouir; mais ce n'est pas ainsi que se font les affaires des nations. Si l'on a pu les détruire, il n'est plus possible de les refaire; et, quant à les déplacer, il y a en elles une vigueur élastique qui les redresse et qu'elles puisent dans leurs mœurs froissées, et surtout dans les croyances qui en sont la base. Ces croyances peuvent se modifier ; mais ceci n'est point une affaire de force brutale ; c'est une œuvre de temps et de patience.

Nous venons d'apprécier l'idée en elle-même, il nous reste à examiner l'exécution.

On devait craindre que la puissance barbaresque qui allait concourir au gouvernement de la régence ne pensât, après s'y être établie, à violer le dépôt qui lui serait confié. Il fallait donc que cette puissance pût être au besoin facilement maintenue et menacée, soit dans ses intérêts, soit même dans son existence. Il fallait aussi qu'elle eût quelque crédit chez les Arabes.

L'empire de Maroc, par son importance, avait à peu près les inconvéniens de l'Égypte elle-même ; il venait s'y joindre ceux résultant de son voisinage des provinces dont il aurait fallu lui laisser l'administration, et de la position de sa capitale, pour nous à peu près inattaquable. Tripoli, peu connu des Arabes, n'y a point de crédit, et aurait d'ailleurs peu de chose à perdre et tout à gagner en traitant de mauvaise foi. Tunis, au contraire, par son importance plus grande, son crédit, ses intérêts commerciaux dans la Méditerranée, offrait assez bien les garanties désirables. Ce fut en effet avec Tunis que voulut traiter le général Clauzel.

La capitale de la province d'Oran était occupée par nos troupes ; elle fut donc immédiatement remise à un prince de la maison régnante de Tunis. Nous n'avons point à examiner les résultats de cette première épreuve. Le traité fut, on le sait, rejeté par le gouvernement français : le nouveau bey d'Oran, les aventuriers venus à sa suite, ne virent donc, dans leur séjour dans cette place, qu'une courte occasion de pillage, dont ils s'empressèrent de profiter.

Quant à la province de l'est, s'il se trouvait un danger à confier à l'état de Maroc l'administration de la province d'Oran, touchant à sa frontière, ce danger allait se reproduire, si l'on remettait au bey de Tunis le soin d'administrer celle de Constantine, danger plus grand encore, puisqu'il n'entrerait dans sa capitale que par une conquête et les armes à la main. Fallait-il alors donner à Maroc la province de l'est de la régence, comme on venait de remettre celle de l'ouest à Tunis? Cela eût été possible si Constantine, sa capitale obligée, eût été une ville maritime; mais nous n'étions point maîtres de cette place, et l'empire de Maroc ne pouvait se charger de sa conquête. La régence de Tunis, au contraire, était bien placée pour le faire, et il fallait qu'elle la fît. Il y avait danger, nous l'avons reconnu déjà, à lui confier cette opération, danger augmenté de tout l'avantage de la position de la ville conquise; mais il fallait qu'elle le fût, ou par Tunis, ou par la France. Or, nous admettrons, si l'on veut, que le délégué de cette puissance, établi à Constantine et maître du pays, se fût plus tard révolté contre nous, et sous l'inspiration de son maître. Il nous eût fallu alors, tout au plus, aller châtier ce bey, comme plus tard on a dû châtier le bey Achmet. Il nous eût fallu prendre et garder Constantine, comme on a dû depuis la prendre et la conserver. Ainsi donc, par son traité, le général Clauzel, en ce qui concerne cette province, et en admettant toutes les mauvaises chances, ne faisait qu'ajourner à une époque plus convenable une entreprise qui lui était interdite pour le moment. Ajoutons que, le cas échéant, le bey de Tunis, lié à la France par un traité, n'aurait pu le violer sans avoir à nous rendre compte de son manque de foi, et que c'était à Tunis même que nous aurions dû aller demander les clefs de Constantine. L'existence indépendante de cet état se trouvait donc liée à son respect de nos possessions d'Afrique, et c'était une chance pour nous. Il valait mieux avoir pour ennemi le bey de Tunis que le bey Achmet. S'il fallait avoir un ennemi, au moins, était-il bon d'en choisir un que l'on pût facilement atteindre.

Ainsi, si le général Clauzel fit preuve de sagacité dans ces circonstances, en remettant Oran à l'agent de Tunis, il en fit preuve encore en lui confiant nos droits sur l'autre province, à charge par lui de s'en rendre maître. Ajoutons que la conséquence naturelle de cette combinaison était de prêter au bey de Tunis l'appui dont nous pouvions disposer sans danger, celui de quelques officiers spéciaux, chargés d'organiser une troupe régulière et un matériel transportable.

Quant à la troisième province, celle de Tittery, un bey pris dans le pays fut nommé; mais c'était plutôt une déclaration de nos projets qu'un fait réel. Si l'organisation des extrémités de la régence devait se consolider, le centre isolé ainsi de tout appui ne pourrait long-temps se refuser à la soumission.

On voit que nous approuvons sans restriction le traité conclu d'abord entre le général français et le bey de Tunis. Mais, dans notre pensée, cette organisation ne pouvait avoir qu'un caractère provisoire. C'était, nous l'avons dit, la solution du moment. Quand on voit ce qui se passe en Orient, quand on reconnaît le besoin que ses deux plus importans états éprouvent de chercher leur force dans une civilisation nouvelle, et d'entrer par leurs institutions dans la famille méditerranéenne, on est forcé d'admettre que les états de la côte d'Afrique sont appelés à suivre ce grand mouvement, sous peine de disparaître. On ne peut s'arrêter à croire que le rôle de la France puisse se borner à rétablir et perpétuer dans la régence d'Alger le système destructeur qu'elle avait d'abord renversé. Le général Clauzel fit en 1830 ce qui pouvait, ce qui devait se faire alors ; quant au surplus de la tâche imposée au pays, c'est ce qu'il devait laisser avec confiance aux chances et aux nécessités de l'avenir.

Le refus d'approuver son traité n'a point permis d'en développer les conséquences et d'en apprécier les résultats.

§ II.

Ibrahim caïd de Mostaganem (général Boyer).

Mostaganem, comme toutes les villes du littoral de la régence, avait une population mixte, composée de Turcs, Koulouglis, Juifs et Maures ou Hadars, race arabe, établie dans les villes et tenant aux populations du dehors par conformité d'origine et de secte religieuse. Les Maures habitaient un faubourg entièrement séparé de la ville principale elle-même et resserré par sa position entre celle-ci et la citadelle qui, comme partout, n'était ouverte qu'à la garnison fournie par les janissaires.

L'arrivée des Français à Oran n'entraîna donc pas, comme dans d'autres villes, la chute immédiate de l'autorité existante; mais son action au dehors fut détruite. Mostaganem devint, comme beaucoup d'autres, un point isolé, une ville neutre, qui devait servir d'asile aux débris de la population turque, mise hors de la question qui se trouvait engagée entre les nouveaux maîtres et les Arabes. Toutefois il était utile d'empêcher que plus tard ceux-ci ne voulussent s'emparer d'un port de la côte, sans importance maritime à la vérité; mais trop voisin du port d'Arzew, qu'on devait nécessairement occuper un jour, pour souffrir qu'il s'y organisât un centre de résistance. Il était important d'assurer le maintien des Turcs de cette ville, en leur fournissant quelques munitions et quelque argent. C'est ce qui fut fait dès 1830, sur leur propre demande, et ces relations furent affermies plus tard, par le général Boyer, qui leur donna Ibrahim pour caïd. Nos relations avec eux se bornaient à l'envoi mensuel de la solde, et il n'y avait à en attendre ni coopération ni appui; mais on pouvait compter, pour le moment au moins, sur leur neutralité.

En effet, déjà les Arabes commençaient à s'occuper de leurs affaires et à comprendre leur position. Dans le principe on avait pu espérer le rétablissement du pouvoir auquel ils étaient habitués à se soumettre; mais deux fois nous avions brisé ce pouvoir, et il ne dépendait plus de nous de lui rendre l'ascendant que nous avions pu détruire. Les Turcs ne pouvaient plus nous servir, et s'ils consentaient encore à n'être plus que les fermiers d'un pays dont ils avaient cessé d'être les possesseurs, ce n'était aux yeux des indigènes qu'une faiblesse de plus.

Ibrahim, ancien *chiaous* du bey d'Oran, n'était fait ni par ses antécédens, ni par son caractère, pour rendre au nom turc le prestige que nous venions de lui ôter : aussi nous ne pensons pas que le général de qui il tenait son titre de caïd ait jamais pu voir dans l'occupation de Mostaganem le centre d'un cercle qui dût s'étendre. C'était un point, et rien de plus.

Nous venons de dire, les faits postérieurs prouveront que les Turcs ne pouvaient plus nous servir. L'événement vint bientôt faire voir qu'ils ne pouvaient même plus se servir eux-mêmes, du moment qu'ils étaient soutenus par nous. Dès 1832 le sentiment de nationalité avait acquis de la force chez les Arabes de l'ouest. Le père d'Abd-el-Kader avait puissamment travaillé les esprits dans ce sens. Au commencement de 1833, son jeune fils fut appelé par la mort tragique de son père à réaliser des projets dont le secret lui avait été laissé comme héritage. Dès cette époque, il y eut déjà quelque ensemble dans la résistance des Arabes. Non seulement Oran, mais Mostaganem put le ressentir. Les relations avec le dehors devinrent rares, les approvisionnemens difficiles. Bientôt Abd-el-Kader tenta la fidélité d'Ibrahim, et lui demanda même de se soumettre.

Il n'est pas probable que le caïd voulut accepter le joug arabe ; mais il est permis de penser qu'il était disposé à faire bon marché d'une position difficile et sans profit. Quoi qu'il en soit, le général Desmichels, qui commandait alors la province, fut averti du danger qu'il y avait qu'Ibrahim ne livrât à celui qui prenait déjà le titre de sultan une ville qu'il ne pouvait plus garder pour notre compte. Cet avis décida l'occupation de Mostaganem.

Ainsi l'on fut amené à renoncer à cet essai, et déjà l'on pouvait au moins pressentir que les Turcs ne pouvaient plus nous fournir d'utiles auxiliaires.

§ III.

Beys créés en 1836 par M. le maréchal Clauzel.

Après l'essai infructueux dont nous venons de rendre compte, le premier acte du même genre qui se présente, mais sur une plus vaste échelle, c'est la création successive de quatre beyliks par M. le maréchal Clauzel, au commencement de 1836; ceux de Tlemcen, de Mostaganem, de Medeah et de Constantine. C'étaient encore les idées conçues en 1830; mais avec quelle différence dans l'application! Le projet de 1830 était, on l'a vu, précieux dans la circonstance, fécond en résultats futurs; il fournissait dès à présent un gage de son exécution fidèle, et, dans un avenir rapproché, il nous menait, sinon à la possession de la régence de Tunis elle-même, au moins à l'établissement d'une prépondérance assurée dans cet état. En 1836, ce n'était plus des princes de maison régnante que nous élevions sur de nouveaux trônes, et que nous ne devions aider que de notre présence à Alger; les nouveaux beys étaient bien pris parmi les Turcs ou leur descendance immédiate, mais tous sans ressource et sans appui, les uns peu connus, les autres peu dignes de l'être; ce n'était plus des princes tributaires de la France, c'était des agens sans crédit, qu'il fallait faire reconnaître et maintenir par nos soldats et nos trésors. Aussi cette époque n'offre-t-elle, en ce qui touche le sujet de cette Note, aucun résultat; seulement, elle dut achever de nous convaincre que le règne des Turcs était passé.

Le bey de Medeah, homme de courage, ose se rendre seul dans cette ville. Trahi par les Maures, mal défendu par les siens, il est livré à l'émir, offert par lui en hommage à l'empereur de Maroc, renvoyé plus tard par celui-ci, et pendu pour l'exemple.

Ibrahim, ancien caïd, maintenant bey de Mostaganem, va cacher derrière nos baïonnettes son impuissance et sa nullité, écrasé qu'il est par la présence de El-Mazary à Mazagran, et par la prépondérance de Mustapha-ben-Ismaël, tous deux Arabes et combattant pour nous.

Youssouf, bey de Constantine, vient à Bone planter sa tente et déployer aux yeux des Arabes, déjà voisins inoffensifs, son luxe et son courage ; mais, lorsqu'il faut aller prendre possession de sa capitale, lorsque M. le maréchal Clauzel y engage si énergiquement son armée et sa fortune militaire, Youssouf ne peut nous fournir ni un mulet ni un soldat.

Mustapha-ben-Moukallach enfin, bey de Tlemcen, brocanteur sans courage et sans talent, appuyé par une troupe française, commandant à une population qui pourrait fournir douze à quinze cents hommes armés et valides, oublie qu'il a des Arabes à soumettre, et ne pense qu'à exploiter au sein de la ville une position qu'il sait sans avenir.

Les faits sont susceptibles de plus grands développemens, et l'on pourrait en tirer des enseignemens utiles; mais nous nous bornons à les signaler en ce qu'ils ont de relatif à la question qui fait l'objet de cette note.

De ce qui précède doit-on conclure que le maréchal n'avait point su apprécier la différence des époques et les conséquences des faits antérieurs à son second commandement? Non sans doute, on ne doit pas le croire, et l'examen rapide des événemens, l'appréciation des moyens dont il pouvait disposer, feront comprendre quels étaient ses embarras et ce qu'il lui était permis de tenter.

Au refus de ratifier le traité du maréchal avec la régence de Tunis, avait succédé un système d'occupation bâtarde et sans but. On guerroyait bien avec les Arabes; mais la guerre, bonne peut-être pour former des officiers d'infanterie légère, n'était point de nature à réduire nos ennemis. En 1833, le général commandant à Oran, obéissant sans doute à ses instructions, traitait avec celui qu'on allait reconnaître comme souverain, et pendant qu'Achmet, dans l'est, bravait nos menaces; qu'au centre une tribu de voleurs paralysait nos tentatives d'établissement; à l'ouest, le nouvel émir, profitant du repos que lui accordait la France, poursuivait hardiment son entreprise, empoisonnait, pendait ses rivaux trop confians, percevait les impôts arriérés, achetait des armes, et augmentait ainsi les élémens de sa résistance et de son pouvoir.

Bientôt vint à Oran le général Trézel; ses moyens d'agir étaient bornés, sa responsabilité bien grande; et cependant, convaincu qu'on faisait fausse route, il osa en sortir par un coup de vigueur. Le résultat immédiat de son entreprise fut la défaite de la Macta; mais ce résultat n'en était pas la conséquence inévitable.

Ce qui devait en résulter, c'était la guerre, devenue nécessaire alors; c'était la fin d'une période déplorable; ce devait être le commencement d'une meilleure époque. On devait croire le gouvernement éclairé sur ses intérêts; le combat de la Macta venait de lui révéler un ennemi redoutable, et qu'il fallait abattre pour avancer. On put croire qu'il l'avait compris lorsque M. le maréchal Clauzel fut désigné pour venir gouverner nos possessions d'Afrique. Son nom sembla de bon augure.

Sous ses ordres, l'armée alla rétablir l'honneur de nos armes; les Arabes furent vaincus, la résidence d'Abd-el-Kader saccagée; mais ce n'était là que le commencement de notre tâche. Le pouvoir de l'émir était compromis, sans doute (et l'accueil fait plus tard à la division Perrégaux, présentant Mustapha-ben-Ismaël aux Arabes, l'a bien prouvé); mais les Arabes ne s'étaient soumis à l'émir que parce qu'il leur avait promis protection contre nous; pour se soumettre à nous, ils nous demandaient protection contre l'émir. Il fallait pouvoir la leur assurer; mais les moyens de le faire nous furent retirés, et, pour toute réponse, on n'eut à leur présenter qu'une faible brigade bloquée à l'embouchure de la Tafna.

Au moment de son retour de Mascara, et lorsque le maréchal fut certain qu'on ne lui laisserait pas les troupes dont il aurait encore eu besoin pour poursuivre un premier succès, sa position dut se compliquer. Son embarras s'augmenta encore par l'appel que lui firent les Koulouglis de Tlemcen, qui, terrifiés par un récent désastre, allaient livrer leur ville à l'émir si nous leur refusions du secours. On pouvait le leur refuser, sans doute; mais alors non seulement cette grande levée de boucliers faite pour abattre notre ennemi serait sans effet utile, mais encore sa conséquence, ou du moins son résultat, allait être de livrer à l'émir une ville importante qui lui avait résisté jusque alors, comptant sur notre appui futur, l'espérant surtout lorsqu'elle avait appris notre entrée à Mascara. Si cela arrivait, l'émir allait sortir victorieux de cette lutte.

Il y avait bien à tout cela une mauvaise solution, c'était la paix : aussi fut-elle offerte à Abd-el-Kader, trop clairvoyant pour en vouloir alors. La paix fut refusée par lui, et il fallut continuer la guerre, sans moyens suffisans pour la rendre profitable.

C'était une triste nécessité; mais laisser l'ennemi entrer à Tlemcen, et, lorsque nous devions chercher à le détruire, consentir à le voir se consolider ainsi, désespérer à tout jamais les populations qui voudraient se placer sous notre protection après la victoire, était plus fâcheux encore. L'expédition de Tlemcen fut donc une nécessité résultant de la continuation de la guerre.

Si le maréchal dut aller à Tlemcen, il est facile de démontrer aussi qu'il dut occuper cette ville. Pour le faire comprendre, il suffira de rappeler quelle était la position des

Koulouglis, qui nous appelaient à leur aide.

La population de la ville de Tlemcen est formée des mêmes élémens que celle de Mostaganem; mais la ville est compacte; la citadelle ou méchouar tient à sa partie supérieure, habitée par les Koulouglis et les Juifs. La ville basse est peuplée par les Maures ou Hadars. On peut admettre qu'elle renfermait 15,000 habitans, savoir :

Koulouglis.	5,000
Juifs.	3,000
Hadars.	7,000
Total. . .	15,000

Les Turcs n'habitaient point les villes de l'intérieur, et ce qui s'en trouvait à Tlemcen était le reste de la garnison de 100 hommes qu'on entretenait au Méchouar, et qui ne put ou n'osa évacuer après la conquête d'Alger par la France.

Ces élémens de population étaient trop importans pour que la garnison turque pût maintenir son autorité sur la ville, mêlée qu'elle était, dans l'intérieur de la citadelle, à un assez grand nombre de familles. Son autorité cessa donc; mais il ne s'en organisa, du reste, point une nouvelle. Les Koulouglis et les Hadars vécurent en voisins paisibles, mais qui s'observaient.

Bennouna, homme parvenu, qui devait sa richesse aux faveurs du dernier bey d'Oran, était le plus influent des Hadars, mais non précisément leur chef. Les Koulouglis, maîtres du Méchouar, suivaient la direction qui leur était imprimée par l'assemblée de leurs notables. Les Juifs, par habitude et par position, subissaient la loi de ces derniers.

Tlemcen, centre d'une belle et riche contrée, placée entre la régence, l'état de Maroc et le Désert, avait eu jadis une période brillante, et jouissait encore en 1830 d'une prospérité qu'il devait à ses fabriques d'étoffes et au triple commerce d'échange dont il était le nœud. Oubliée par la France, cette ville ne pouvait manquer de maîtres : aussi, dès 1831, l'empereur de Maroc y envoya-t-il un agent appuyé par un corps assez considérable, et qui venait, à la suite d'un appel qu'il avait su provoquer, faire reconnaître la souveraineté de son maître. Il fut accueilli par les Hadars et par quelques riches Koulouglis, qui désiraient une garantie de tranquillité. Les autres refusèrent de lui remettre la citadelle, dont il réclamait l'entrée. Dix des principaux d'entre eux furent pris et envoyés à Fez comme otages. Cette mesure fut sans résultat, et une lutte s'engagea entre les deux partis.

Les Maures devaient naturellement y prendre part, et c'est de ce jour que date cette guerre intérieure entre deux moitiés de ville, guerre de maisons, guerre de jour et de nuit, qui étonne par sa durée, et dont l'honneur appartient tout entier aux Koulouglis, qui n'avaient pas pour eux la sympathie et l'appui du dehors.

Les réclamations de la France forcèrent le

gouvernement de Maroc à rappeler son agent Muley-Ali. Il partit de Tlemcen, laissant le pouvoir aux mains de Bennouna, qui ne put se faire reconnaître par les Koulouglis, ceux-ci n'oubliant pas que le sang turc coulait dans leurs veines, et qu'il y aurait eu honte pour eux à se soumettre à l'autorité d'un Arabe ; la guerre continua donc avec vigueur.

En 1832 vint Abd-el-Kader, qui réclama la soumission des deux partis. Bennouna, qui passait pour être l'auteur de l'empoisonnement de Meï-ed-Din, père de l'émir, n'osa l'attendre, et se retira dans l'ouest. Hammedi-Sakkal, homme habile et conciliant, étranger du reste aux premières intrigues et lié d'affection à plusieurs familles de la haute ville, fut nommé caïd des Maures. Les Koulouglis, rassurés par ce choix, acceptèrent aussi pour caïd un des leurs, Mustapha-ben-Mukallach, fils, petit-fils et neveu des derniers beys de la province, nommé plus tard bey de Tlemcen par la France. Mais s'ils consentirent à cet arrangement, ils refusèrent encore la remise du Méchouar, leur seule garantie. Abd-el-Kader n'était point encore assez fort pour les contraindre; il sut ajourner l'exécution de ses projets.

Les choses restèrent dans cet état jusqu'à la fin de 1833, époque à laquelle l'émir, devenu plus puissant, voulut enfin posséder la citadelle de Tlemcen. Sakkal ne pouvait convenir à ses projets; il rappela donc Bennouna, dont la capacité et l'influence devaient mieux le servir, et qui avait su d'ailleurs se faire appuyer par l'empereur de Maroc. Ce fut le signal d'une nouvelle guerre, qui ne cessa plus qu'à notre arrivée, au mois de janvier 1836. Il nous reste à ajouter qu'en 1834 Mustapha-ben-Ismaël, qui n'avait jamais voulu reconnaître l'autorité d'Abd-el-Kader, vaincu par lui après l'avoir d'abord battu lui-même, vint demander aux Koulouglis un asile qu'il n'était point encore réduit à chercher à Oran, dont il était trop loin d'ailleurs, et où peut-être il n'eût point été bien accueilli. Ajoutons aussi qu'à la fin de 1835, les Koulouglis, attirés par une tribu jusque alors amie dans une lâche embuscade, y avaient laissé une centaine de leurs meilleurs soldats; que ce désastre avait abattu leur courage, et que, renonçant à se défendre seuls, ils avaient été amenés à choisir entre le joug de l'émir et l'appui de la France.

Lors donc que le maréchal Clauzel entra à Tlemcen, lorsqu'il eut ramené dans son enceinte une partie de la population maure, que l'ennemi venait d'en arracher toute entière pour la soustraire à notre contact; il lui fut impossible de rendre aux Koulouglis la confiance dont ils avaient besoin pour compter encore sur eux-mêmes. Les armes, les munitions qu'on leur apportait n'étaient rien pour eux s'ils devaient rester seuls, et ils déclarèrent que, si la France ne leur fournissait l'appui de ses soldats, ils seraient réduits, les plus compromis, à s'expatrier en suivant l'armée à son départ; le reste, à se soumettre aux Arabes et à leur livrer le Méchouar, jusque alors gage de leur sûreté.

Ainsi, notre apparition à Tlemcen n'avait amené aucune difficulté nouvelle; mais elle n'en avait fait disparaître aucune, et le gouvernement se trouvait toujours en présence de cette alternative, ou de laisser à l'émir les avantages de la guerre, ou d'accepter, avec des moyens insuffisans, une charge nouvelle. Entre ces deux partis, tous deux mauvais, mais inévitables, il fallait choisir. Le maréchal n'était point secondé alors par ce bon vouloir qui plus tard devait permettre de charger 5,000 hommes de la garde de Constantine. S'il eût pu le faire, notre marche dans l'ouest serait plus avancée; mais il n'avait pas une pareille force à distraire des garnisons du littoral; et puisqu'il ne pouvait donner à l'occupation française de Tlemcen une attitude respectable, il fallait qu'il laissât aux gens de la ville le soin et l'intérêt de leur administration. Une faible garnison française, chargée de les aider dans leur défense, devait leur servir de gage de la protection qu'on promettait à leurs nouveaux efforts.

Tels sont, selon nous, les motifs qui justifient la nomination du bey de Tlemcen, réduite à ses véritables proportions. Le titre qu'on lui donnait, la fixation du territoire promis à son gouvernement n'était au fait que des démonstrations faites pour les Arabes, et auxquelles il faut laisser leur véritable sens.

Quant au beylik de Mostaganem, c'était une retraite, prix des services rendus par Ibrahim. Le vrai bey, dans cette partie de la province, celui autour duquel devaient venir se grouper les indigènes, c'était Mustapha-ben-Ismaël, que nous avions ramené de Tlemcen, et dont l'établissement à Oran suffisait au besoin pour justifier l'expédition qui nous avait valu cet utile et puissant auxiliaire.

Les motifs qui ont amené la création du beylik de Tlemcen expliquent aussi celle du beylik de Medeah, où les Koulouglis nous appelaient également.

Il nous reste à parler de l'acte qui nomma Youssouf bey de la province de Constantine.

On a cru que l'on pouvait long-temps négliger cette troisième province de la régence, et remettre à d'autres temps le châtiment de son gouverneur insolent. C'est une erreur. Nous ne nous appuierons pas, pour le démontrer, sur les faits qui sont venus depuis prouver que cette partie, plus que toute autre, offrait une chance d'établissement solide et d'encourageans résultats. Nous jugeons le passé, et c'est au passé lui-même que nous voulons demander des preuves.

Le bey Achmet avait refusé de reconnaître notre droit de conquête; il était protégé par sa position et la nôtre. Depuis, notre conduite dans l'ouest, en y créant une puissance redoutable, avait fait naître pour Achmet une heureuse diversion. Mais si la résistance de l'émir était utile au maintien du bey de Constantine, celui-ci, par le seul fait de son refus de se soumettre, servait de son côté les intérêts de l'émir. Et en effet, on sait quelle importance attache Abd-el-Kader à ce qu'aucune fraction de l'unité musulmane ne consente à se soumettre à la domination des chrétiens. C'est sur le précepte religieux qui le défend aux fidèles qu'il a fondé et élevé depuis l'édifice de sa puissance. Jamais il n'a voulu reconnaître, jamais il ne reconnaîtra notre autorité sur la plus chétive tribu de la régence. Un article du traité de la Tafna stipule, il est vrai, de notre droit à cet égard ; mais pour ceux qui savent ce que vaut ce traité pour l'émir, cet article ne prouve qu'une chose, c'est la réalité de ses prétentions. Les Douairs et les Smélas ne sont à ses yeux que des sujets en révolte. Ce qui le prouve, c'est qu'après même la signature du traité, il chercha à obtenir leur expulsion ; que depuis, il a cherché à les ramener à lui par la séduction et les promesses. Ce même système est encore en pleine vigueur en ce qui concerne les tribus peu nombreuses qui habitent le sahel d'Alger et la portion de la Metidja renfermée dans nos limites.

Abd-el-Kader sent bien qu'il ne peut que perdre à la comparaison que feraient les Arabes de notre administration et de la sienne. Il sait que son existence est attachée au maintien absolu du système qu'il a suivi jusqu'à ce jour avec une si grande persévérance. Il devait donc craindre que les Français, s'emparant de la province de Constantine, ne fussent libres alors d'exercer leur action sur des populations dont il était encore trop éloigné pour pouvoir agir lui-même sur elles. C'est en ce sens qu'il avait intérêt à ce que nous ne parussions pas dans la province de Constantine; c'est en ce sens que nous avions intérêt à nous y présenter. Mais ce n'est pas tout. Abd-el-Kader ne bornait pas son ambition au théâtre de ses opérations d'alors; il pensait déjà à s'emparer de la province extrême de la régence. Or il valait mieux pour lui y rencontrer Achmet qu'une armée française. La trahison, la révolte, ses moyens ordinaires de succès, pouvaient lui livrer son ennemi; mais il savait bien que si les Français entraient à Constantine, il ne lui serait plus permis de le reprendre. L'émir avait donc un double intérêt à ce que le bey Achmet ne fût pas renversé par nous. Quant à la France, il lui importait non seulement de déjouer ces calculs, mais encore de ne pas laisser subsister plus long-temps cette puissance en révolte, qui ne pouvait que nous déconsidérer dans le pays; il lui importait enfin de s'emparer d'une province à la possession de laquelle la régence de Tunis n'avait point renoncé, et par laquelle la Porte-Ottomane conservait un pied dans notre conquête.

Il était donc utile et sage de s'emparer de Constantine. Mais si l'armée se portait sur cette ville, et en chassait le maître, le gouverneur n'avait pas 5,000 hommes à y laisser. Les difficultés de Tlemcen se reproduisaient ici, et la solution devait être la même. Or, s'il existait alors une partie de la régence dans laquelle le nom turc eût conservé son influence et son terrible ascendant, c'était assurément dans celle qui nous occupe. Celle-là, du moins, présentait quelques chances de succès, et si l'armée victorieuse venait placer Youssouf dans le palais d'Achmet, ce pouvait n'être pour les Arabes qu'une de ces révolutions dont le spectacle ne devait pas les surprendre.

L'examen auquel nous venons de nous livrer prouve, nous le pensons, qu'en 1836, comme en 1830, le maréchal Clauzel a su se soumettre à la nécessité, et faire avec ce qu'on laissait à sa disposition tout ce qu'il était possible de faire. S'il eût disposé d'une nombreuse armée, il n'eût point pensé sans doute à demander à d'autres une force qu'il aurait eue dans la main. Ce n'est donc pas à lui qu'il faut s'en prendre s'il a dû adopter une combinaison que, relativement à l'époque surtout, nous trouvons mauvaise. Notre opinion à cet égard se fonde non seulement, ainsi que nous l'avons dit, sur la déconsidération dans laquelle nous avions nous-mêmes fait tomber le nom turc, mais encore sur la valeur personnelle de ceux parmi lesquels il nous fallait choisir.

Pendant long-temps on a voulu voir dans un bey turc un homme de guerre qui va planter au besoin sa tente au milieu des Arabes, abat des milliers de têtes, fait trembler toute une province, et rentre dans son palais chargé de butin et respecté pour long-temps. Malheureusement, nous n'avons point vu de tels hommes. La conquête d'Alger a fait disparaître ce qu'il y avait de bon en ce genre, et ceux qui restent sont sous le coup humiliant de leur défaite. Nos beys ne peuvent plus être que quelques malheureux avides d'argent, ou craignant la guerre, qui pensent que la France, en leur donnant des provinces, s'engage à leur procurer des richesses et du repos.

De tout ce qui précède, on doit conclure que, s'il a été possible, à une époque, de faire administrer par les Turcs un pays dont nous voulions cependant rester les maîtres; si ce te combinaison a été momentanément la meilleure, il n'en est plus ainsi depuis long-temps. Mais si les Turcs ne peuvent plus nous servir, ne faut-il pas cependant persister à donner aux Arabes des chefs qui leur conviennent, que leur religion leur permette de reconnaître? L'autorité française pourra-t-elle peser un jour sur eux sans intermédiaire et sans transition ? C'est ce qu'il nous reste à rechercher.

§ IV.

Administration directe des Français dans la régence.

Les premiers points de contact entre l'autorité française et les Arabes se sont établis dès l'occupation des villes où nous avons trouvé, non les Arabes eux-mêmes, mais les Maures, qui tiennent à eux, nous l'avons déjà dit, par leur origine et leurs pratiques religieues.

A Alger, cette partie de la population était trop riche pour oser, abandonnant aux Français sa fortune immobilière, traverser, avec le reste de ses richesses, un pays sans police et sans sécurité. La plus grande partie des Maures resta donc ; mais depuis, et à mesure que le temps absorbait des capitaux que le commerce ne venait plus entretenir, à mesure que la guerre contribuait à leur rendre la vie plus difficile et plus coûteuse, les moins opulens furent successivement amenés à aller chercher dans l'intérieur une condition supportable, et un gouvernement de leur choix. En ce moment, cette émigration dure encore, et il est difficile d'en assigner le terme. Mais partout ailleurs, à Oran, à Bone, à Bougie, à Mostaganem, etc., partout nous voyons notre présence déterminer la retraite immédiate, absolue de la population indigène proprement dite.

Ce fait est grave assurément ; mais, pour ne pas lui donner plus d'importance qu'il ne le mérite, il faut remarquer d'abord que les Maures ne pouvaient savoir avec quelles idées nous venions au milieu de leurs villes, ni ce que nous allions exiger de leur soumission ; ensuite, que partout où nous allions, notre marche incertaine et timide n'apportait à la population des villes qu'une existence ruineuse ou la famine. La population de Constantine aussi émigra d'abord; mais, lorsqu'elle sut que la ville continuait à être approvisionnée par les Arabes, lorsqu'elle fut convaincue que nous ne faisions pas la guerre à ses croyances, elle ne tarda pas à revenir dans ses foyers abandonnés. Ces premières émigrations n'ont donc pas une signification aussi absolue qu'on pourrait le croire. On pourra s'en convaincre si l'on examine les résultats de notre premier contact avec les Arabes du dehors.

Dans la province d'Alger, où nous avons eu habituellement plus de troupes et une attitude plus sérieuse, quelques tribus, habitant le massif, se laissent traverser par le rayon progressif de notre occupation sans s'y soustraire d'abord; bientôt elles marchent avec nous comme alliées, lorsque l'intérêt de leur propre défense contre le dehors les y appelle; plus tard elles nous reconnaissent le droit de leur donner des caïds : là s'arrête notre action.

Dans la province de Bone, où le système de paix fut adopté par le général qui y commanda dès le début, les populations voisines, d'abord hostiles, viennent bientôt chercher près de nous un appui contre le gouvernement du bey Achmet. Quelques tribus font alliance avec nous, sans se soumettre cependant à notre domination.

Dans la province d'Oran, en 1833, à la suite d'une expédition heureuse, la tribu des Smelas, pour recouvrer ses troupeaux pris par nos soldats, vient s'allier à nous et fournit des otages; mais cette convention n'eut pas de suite, et les Smelas plus tard se retrouvèrent dans les rangs de nos ennemis.

En 1835, et pendant l'intervalle de repos que donne le premier traité conclu avec Abd-el-Kader, les Douairs, une partie des Smelas qui l'avaient combattu sous les ordres de Mustapha-ben-Ismaël, refusent d'obéir à l'injonction de l'émir qui veut qu'ils abandonnent leur territoire et s'éloignent de nous. Ils viennent chercher un asile sous nos murs; cet acte de leur part amène la rupture du traité par le général Trézel. Depuis lors, ces Arabes ont été pour nous des alliés constans et fidèles.

Pendant la campagne de 1835, nous voyons aussi El Mazary, suivi d'une fraction de la tribu des Borgias, venir se placer sous Mostaganem, et depuis lors rester dans notre alliance. Dans tous ces faits, nous ne voyons pas encore le caractère évident de soumission, la perception par nous d'un impôt. Mais il faut remarquer qu'il eût été difficile, injuste, de le demander à des populations qui, par le fait de la guerre, ne pouvaient pas plus que nous se livrer à la culture et au commerce.

Ainsi et en résumant, si nous voyons les Maures et les Arabes nous fuir d'abord et ne voir en nous que des conquérans dangereux, nous les voyons aussi, là où l'on a su dissiper leurs justes craintes, ou profiter des occasions précieuses qui ont permis de leur fournir un utile secours, là, nous les voyons revenir et se soumettre de fait à notre domination.

Sans doute cette domination n'agit encore que sur un bien petit nombre ; il semble surtout que nos premiers progrès à cet égard sont restés stationnaires dans les deux provinces occidentales, et que la guerre qui a précédé le traité de la Tafna ne nous a rien acquis. Mais il est facile de se rendre compte de la soumission plus prompte des uns, de la résistance plus opiniâtre des autres. Il suffira pour cela d'apprécier les motifs qui ont amené d'assez grandes différences entre le caractère des populations voisines des villes, et aujourd'hui soumises à la France, et celles de l'intérieur, qui, pendant la domination des Turcs, n'avaient point accepté le même rôle.

Les Turcs étaient trop peu nombreux pour toujours agir par eux mêmes. Le secret de leur pouvoir était de s'opposer à tout accroissement de population et de richesse chez les Arabes. Leur moyen consistait à détruire les

Arabes par les Arabes eux-mêmes. On devine que les tribus établies dans le voisinage des villes, celles qui sont aujourd'hui nos amies, devaient leur fournir le plus ordinairement leur concours; aussi est-ce parmi elles qu'ils puisaient les chefs et les soldats d'une troupe qui combattait pour eux, et dont les principaux habitaient dans l'intérieur même des villes ou dans leurs faubourgs. De cette politique il devait résulter, non seulement de grandes inimitiés entre les tribus du *Magzen* et celles de l'intérieur; mais encore les premières devaient perdre au contact de l'étranger, et par les besoins que donne l'exemple tentant du luxe des villes, devaient perdre, disons-nous, ce sentiment de nationalité qui se conservait ailleurs. C'est ce qui arriva en effet; et ceux qui connaissent le pays ont dû être frappés souvent de trouver plus rare chez l'Arabe de notre voisinage ce sentiment de supériorité et d'orgueil qui forme le trait remarquable du caractère de cette belliqueuse nation, de trouver souvent empreint sur leur front le cachet particulier au rôle qu'ils avaient accepté sous leurs premiers maîtres.

On doit comprendre maintenant pourquoi ces premières alliances respectées par nous, productives pour nos voisins, n'ont cependant pas été progressives; pourquoi notre marche en avant, facile d'abord, ne nous a laissé voir ensuite que la répulsion et le désert. C'est que ce n'est pas à l'Arabe énergiquement attaché à ses idées d'indépendance que nous avons eu affaire jusqu'à ce jour, mais bien à l'Arabe qui avait accepté sans retour le joug des Turcs, qui avait déjà subi ce qui avec nous aurait pu être un commencement de civilisation, mais qui n'avait été sous les Turcs qu'un pas fait vers l'esclavage.

Mais, si cette observation fournit l'explication du passé, elle doit être aussi un motif d'espoir pour l'avenir; car si les choses devaient se passer ainsi, s'il doit s'écouler une période plus ou moins longue entre les premiers pas et de nouveaux rapprochemens, il est impossible de nier au moins que les mêmes causes ne puissent reproduire les mêmes effets. La race arabe est comme toute autre accessible au calcul de l'intérêt, à l'appât des bénéfices, au besoin d'une vie meilleure et à l'ascendant d'une autorité juste et protectrice. Ce qui s'est passé depuis un an dans la province de Constantine en fournit une nouvelle preuve.

Ainsi, il est permis d'espérer que les Arabes consentiront un jour à se laisser gouverner directement par nous. Par quelle marche prudente, par quelle suite d'efforts nous sera-t-il donné d'arriver à ce but? Assurément nous ne pensons pas qu'on ait, depuis huit années, marché dans une bonne route, et que tout ce que l'on a fait fût bien ; mais il y a dans les événemens eux-mêmes une logique qui se fait jour avec ou sans le concours des hommes, auxquels il n'est point donné de les maîtriser absolument. Dans l'histoire de notre occupation d'Afrique, on peut déjà saisir le développement successif de leurs conséquences nécessaires; conséquences au nombre desquelles nous devons placer la récente organisation de la province de Constantine. Ce fait est encore bien récent; et cependant il est déjà possible d'y chercher un résultat, et non seulement de juger sa convenance dans le présent, mais encore d'apprécier sa portée dans l'avenir.

§ V.

Organisation de la province de Constantine.

L'armée française avait pris possession de Constantine. Les négociations qui avaient précédé le fait d'armes qui nous en avait rendus maîtres ne purent prévenir l'effusion du sang. Le bey Achmet, éclairé par nos efforts pour traiter avec lui, encouragé par ce qu'il savait de notre récent traité de paix dans l'ouest et par le projet avoué par nous de nous borner à l'occupation de quelques points de la côte, enhardi par ce qu'il regardait aussi comme une première victoire, Achmet avait refusé tout accommodement. Il avait donc fallu se décider à le réduire par la force. La ville était à nous; mais un siége laborieux, un assaut terrible, nous avaient fait payer cher sa possession. L'honneur de nos armes était rétabli aux yeux de tous; mais ce n'était pas assez.

On se fût peut-être contenté de cette victoire; mais l'opinion de la France, émue à la nouvelle du triomphe de son armée, se souleva tout entière, et l'on n'osa point, si l'on en avait le désir, abandonner une conquête si chèrement acquise. On ne pouvait pas, cette fois encore, dépenser sans fruit son argent et ses soldats; il fut donc décidé, pour le moment du moins, que l'on conserverait Constantine.

La saison avancée, la distance à laquelle on se trouvait de Bone, ne permettaient pas d'exposer un corps de 15,000 hommes sans approvisionnemens aux chances d'un blocus, même imparfait. Le nouveau gouverneur ne pouvait donc rester à Constantine, pour suivre l'effet de sa victoire sur les populations du dehors et pour chercher à compléter la ruine de son ennemi. Tout ce qu'il pouvait faire, obligé qu'il était de regagner la côte, c'était de laisser derrière lui une troupe dont l'effectif ne dépassât pas les bornes que lui imposaient, d'une part, les ressources en vivres qu'il aurait pu rassembler dans la ville même; de l'autre, celles qu'il pouvait encore et par un seul convoi faire venir de Bone; car n'oublions pas qu'il lui importait de partir au plus vite, son séjour même ayant pour résultat d'absorber les approvisionnemens qu'il lui fallait laisser à une garnison devant traverser tout l'hiver sans pouvoir compter sur d'autres secours assurés.

Les comparaisons sont toujours utiles à faire, et nous sommes amenés à parler de l'analogie qui existait entre cette position et celle de M. le maréchal Clauzel à Tlemcen. Elles différaient cependant en ce que, à Tlemcen, nous étions appelés par la partie guerrière de la population (les Koulouglis), sur l'appui de laquelle nous pouvions compter; en ce que nous y trouvions une citadelle mieux à l'abri de toute tentative; tandis que, à Constantine, nous étions entrés les armes à la main, et, par conséquent, l'ennemi intérieur pouvait y être plus à craindre que celui du dehors. Il fallait imposer à l'un et à l'autre, maintenir les premiers par une attitude forte, rassurer les seconds par la certitude que, s'ils venaient à nous, s'ils paraissaient sur nos marchés, nous étions assez nombreux pour les protéger contre la colère d'Achmet. Aussi n'est-ce pas une garnison de 500 hommes, mais une brigade de 5,000 qui fut chargée de nous assurer notre conquête.

Ce fait seul devait éloigner le nouveau gouverneur de toute idée d'imitation. Si l'on avait pu constituer à Tlemcen une autorité locale, c'est que l'autorité française qu'on plaçait à côté d'elle n'était pas assez importante pour effacer l'autre; c'est qu'elle serait dès lors assez sage pour ne point dépasser son but et pour ne pas vouloir renverser un pouvoir qu'elle était appelée à défendre.

Cependant Tlemcen avait vu nommer un bey soutenu par une faible troupe ; à Constantine on nomma un hakem indépendant et chef des affaires politiques, protégé par une brigade placée sous les ordres d'un officier général. C'était, nous l'avons dit, une fâcheuse imitation. Espérait-on que le titre modeste de hakem satisferait la juste susceptibilité du général français ? C'était un faux calcul ; car de deux choses l'une : ou le hakem subirait l'ascendant du général, et alors il était plus simple de faire de cet ascendant un droit légitime, facile à obtenir si c'était par la volonté du gouverneur ; ou bien, fort des ordres écrits qui restaient dans ses mains, le hakem voudrait agir en maître, et alors le conflit d'autorité rendait tout progrès impossible. La combinaison adoptée par le maréchal Vallée était donc mauvaise ; les événemens suivans n'ont point tardé à en fournir la preuve.

Il n'entre pas dans notre sujet de suivre les événemens, et de faire ressortir la part qui revient au talent et au caractère du général qui commandait à Constantine ; ce qu'il nous importe de constater, c'est que les Arabes placés en présence des deux autorités, qui se présentaient à eux isolées l'une de l'autre, eurent bientôt fait leur choix, et pendant que le hakem réclamait leur soumission et poursuivait de honteux profits, le général français, fort de ses intentions et de la pureté de ses vues, se conciliait l'affection des chefs du dehors, auxquels il imposait aussi par sa fermeté. Les démonstrations qui ont accompagné son départ ont assez prouvé de quel côté s'étaient fixés le respect et l'obéissance des Arabes, et jusqu'à quel point nous pouvons espérer de les soumettre.

Quoi qu'il en soit, les mesures prises par le maréchal devaient amener un conflit; le général Négrier dut bientôt renoncer à un commandement qu'on refusait de fonder sur des bases convenables et solides. Il était facile au gouverneur de pourvoir au remplacement d'un officier général; mais, quelque tenace qu'elle puisse être, sa volonté ne suffisait pas à maîtriser la force des choses; aussi, pendant qu'il donnait aux embarras survenus dans la province une solution officielle qui ne devait rien résoudre, il se réservait déjà d'aller sur les lieux refondre son premier ouvrage et se ployer aux nécessités.

Nous l'avons déjà dit, les événemens ont une logique puissante; aussi la province de Constantine est-elle aujourd'hui reconstituée sur une base nouvelle. Le hakem, le bey, c'est aujourd'hui le chef français qui commande à toute la province. L'autorité musulmane lui est soumise, et, se conformant au fractionnement des populations, à leur hostilité mutuelle, ou à leur origine différente, chacune doit obéir à un chef qui relève immédiatement du général.

Si la première organisation adoptée par le gouverneur actuel avait été, nous le répétons, une fâcheuse imitation de celle donnée antérieurement à la province de Tlemcen, celle dont nous venons d'indiquer la substance est une heureuse innovation, qu'ont dû permettre des moyens plus étendus, qu'ont dû prescrire d'ailleurs les conséquences naturelles de nos efforts pour amener les Arabes, non plus à des alliances douteuses, mais à une soumission réelle.

C'est un progrès sans doute ; mais qu'on se garde d'y voir le dernier terme de la progression qu'il nous faudra suivre. Les idées sont confuses encore, la marche hésitante ; mais chaque jour vient éclairer les unes et raffermir l'autre. Ce n'est point la capacité assurément qui manque aux chefs ; ils se laisseront donc guider par l'expérience. Les événemens d'ailleurs se chargeront, au besoin, de réaliser ce que n'auraient pas voulu les uns, ce que d'autres n'auraient pas compris.

CONCLUSION DE CETTE NOTE.

Partie du centre des villes, l'autorité française est appelée à se consolider et à s'étendre. D'abord notre occupation, concentrée dans Alger, a dû livrer le pays tout entier à des agens pris au dehors; puis nous avons occupé les grandes villes, et voulu établir, sous l'appui de nos troupes, des beys administrant à notre place; aujourd'hui les beys sont des généraux français, et le pouvoir indigène est renfermé dans les limites mêmes des divisions principales des provinces. Demain, c'est nous qui pourrons, qui devrons aller remplacer les kalifas et les hakems, au sein des tribus et des villes inférieures. Les événemens marchent, ils parlent assez haut. Nous l'avons prouvé déjà; la race arabe ne résiste pas si énergiquement qu'on le pense à tout progrès. On peut aller suivre chez les Douairs d'Oran l'effet de notre contact, l'amélioration déjà visible de leurs idées et de leurs procédés de travail. C'est là surtout qu'il est facile de reconnaître que l'avenir est pour nous. Chaque jour nous en rapproche. Ce n'est point une colonie que nous fonderons en Afrique; il y aurait honte à nous à vouloir refouler, exterminer peut-être des populations qui nous repoussent sans doute, qui nous fuient comme des innovateurs inconnus, mais que leur nature intelligente, que notre justice, si nous voulons en faire usage, notre supériorité qu'il leur faudra enfin reconnaître, doivent livrer tôt ou tard à notre ascendant civilisateur.

NOTE II.

NOTE II.

Faut-il concentrer tous nos efforts sur la province de Constantine, et renoncer, soit momentanément, soit pour toujours, à nous étendre dans l'ouest et au centre de la régence ?

L'occupation de Constantine, qui, si l'on tient compte des deux expéditions, ne nous a pas coûté moins de 7,000 hommes, détruits, soit par le feu de l'ennemi, soit par les fatigues de la guerre, les effets d'une saison rigoureuse et d'une épidémie cruelle, cette occupation glorieuse pour l'armée et pour le chef qui avait lancé ses colonnes sur les murs de la ville, dut émouvoir vivement l'opinion de la France et fixer son attention. Le nouveau maréchal chargé du gouvernement de la colonie devait lui-même éprouver un vif intérêt pour l'avenir de sa conquête : il donna donc une large base à son système d'établissement dans cette nouvelle province.

La sagesse de cette mesure, l'énergie et la capacité du général chargé d'en suivre les effets, enfin l'empressement que l'on put mettre à ne pas laisser s'amortir l'impression qu'avait dû produire sur les Arabes la chute de ces remparts qu'ils avaient crus imprenables, tous ces motifs durent amener des résultats favorables à notre nouvelle entreprise. En effet, dès les premiers jours qui suivirent la défaite du bey Achmet, nous voyons nos convois parcourir sans inquiétude la longue ligne qui joint Bone à Constantine; les Arabes reparaissent bientôt sur nos marchés; nos colonnes mobiles traversent le pays, et trouvent, sinon partout, au moins le plus souvent, un accueil hospitalier : plus tard des chefs viennent à Constantine même faire une première démarche, et le général Négrier peut, de sa personne, et presque sans autre escorte que celle de ses nouveaux alliés, se présenter dans le pays.

Tout cela ressemblait si peu à ce que récemment on avait vu dans l'ouest, qu'il dut se faire dans ce sens un mouvement général dans l'opinion. Il semblait que tout était déjà fini dans l'est; que là était l'avenir de la colonie, et les mêmes hommes qui avaient si hardiment attaqué les résolutions du maréchal Clauzel, qui avaient si énergiquement blâmé la première expédition, qui n'avaient vu dans l'occupation de Constantine qu'un embarras et une charge de plus, ceux-là même, disons-nous, étaient aujourd'hui ses plus chauds partisans, et voulaient que tout fût abandonné pour elle. C'est à peine si Alger conservait à leurs yeux quelque importance. C'est par la Numidie, disaient-ils, que les Romains ont commencé : imitons donc les Romains !...

La stagnation fâcheuse des affaires dans l'ouest, retenues, étouffées qu'elles sont dans les liens de fer que leur a forgés le traité de la Tafna, la sollicitude du gouverneur pour ce qu'il peut regarder comme son œuvre, cette facilité enfin avec laquelle l'opinion commune se met souvent à la suite de l'opinion du pouvoir, tout est venu augmenter encore cette tendance à se reporter vers l'est de la régence.

Quant à nous, ce qui s'est passé depuis un an n'a rien qui nous étonne. Le gouverneur a pu disposer de moyens suffisans pour agir, et ils ont été habilement employés par lui ou par ses lieutenans-généraux. Nous nous étonnerions, au contraire, que l'on n'eût rien obtenu. Quoi qu'il en soit, et à cause de cet élan général vers la province de Constantine, nous croyons utile de rechercher s'il faut réellement concentrer sur elle tous nos efforts, et s'il est sage de renoncer, soit momentanément, soit pour toujours, à nous étendre dans les deux autres.

Pour toujours?... Voilà huit années déjà employées à se poser des limites qu'il faut franchir le lendemain; à former des projets d'établissement que la force des choses vient agrandir malgré nous : personne donc à qui il soit permis de trancher la difficulté de cette manière, personne à qui il soit donné de la résoudre ainsi. Ce n'est donc pas une question de fait, c'est une question de temps que nous allons examiner.

Il est reconnu que les Arabes de la province d'Alger sont moins belliqueux que ceux de la province d'Oran. Cette différence se reproduit encore si l'on compare les premiers aux tribus établies dans la province de Constantine. L'étude de l'histoire de ces populations diverses, celle des efforts qu'a pu coûter la conquête primitive, et des luttes qu'ont eues à soutenir les conquérans, fournirait sans doute l'explication complète de cette particularité. Toutefois, on en trouve déjà une première dans la nature même du sol occupé par chacune d'elles. C'est dans le sens de l'ouest à l'est que vont croissant dans la régence la beauté du pays et sa fécondité naturelle. Il devait donc en résulter, chez ses habitans, et dans le même sens, une transition à des mœurs plus douces, ou, si l'on veut, moins sauvages; une plus grande fixité, une plus grande affection au sol qui, dans un rayon plus restreint, pouvait suffire à plus de jouissances. Nous n'entendons parler ici que des Arabes proprement dits, les Kabyles étant, comme leur nom l'indique, une race primitive, isolée des autres par ses montagnes difficiles, n'usant des armes que pour sa défense, et s'en servant bien, mais plus portée à la culture et au repos qu'à la guerre.

De ce qui précède, il est naturel de conclure que notre établissement dans l'est rencontrera moins de résistance que dans les autres provinces ; et en effet, l'histoire connue de la domination des Turcs ne présente pas de ce côté de Constantine ces nombreuses révoltes, ces efforts répétés pour reconquérir l'indépendance dont nous avons trouvé le souvenir récent encore dans la province d'Oran, et auxquels, au moment même de notre conquête, le père d'Abd-el-Kader, Meï-ed-Din, travaillait à ajouter un nouvel épisode. C'est un puissant encouragement sans doute, et tout cela justifie bien la conquête de cette portion de l'Algérie ; mais nous n'admettons pas que ce soit un motif pour en abandonner, même momentanément, les autres parties.

Si l'on reste l'arme au bras en présence des Arabes de l'ouest, nul doute que, tranquilles pour le moment chez eux, ils ne se portent au secours de leurs frères de l'est, s'ils se défendent, ou à celui de la religion compromise, si ces derniers se soumettent à nous. Nous avons déjà parlé, dans la note 1re, des motifs qu'avait l'émir pour redouter notre présence à Constantine ; ces motifs étaient dans toute leur force encore quand on y fut établi. Aussi, à peine avait-il signé le traité de la Tafna, pourvu aux affaires de sa province, parcouru celle du centre et levé les impôts arriérés depuis sept années, qu'il se rapprochait des Portes-de-Fer, et les faisait franchir par un de ses lieutenans, qui devait aller faire reconnaître son pouvoir sous la portée même de nos canons. Il y trouva de la résistance, il est vrai ; mais il la surmonta d'abord, et si nous étions résolus (ce que nous supposons en ce moment) à ne plus nous occuper de l'ouest, il pouvait librement la combattre, et il l'aurait entièrement détruite, s'il n'eût eu affaire qu'aux Arabes. Alors nous le retrouvions encore s'opposant à notre marche, et personne ne peut nier que, si une lutte devait s'engager avec lui dans l'est, il eût été puéril de ne point l'attaquer aussi au centre même de son pouvoir. Il fallait donc ainsi recommencer la guerre. Si, au contraire, pour prévenir la soumission forcée des Arabes de Constantine à Abd-el-Kader, nous leur fournissions notre appui, c'était encore la guerre avec toutes ses conséquences. Ainsi l'intérêt même de notre établissement de ce côté nous ramenait à la guerre avec toute la régence. L'on veut toujours isoler les populations arabes, et scinder une question qui ne peut l'être. L'émir est la pensée vivante de l'unité musulmane en ce pays; c'est un obstacle qui doit se retrouver partout, qui viendra nous combattre partout où nous voudrons l'atteindre dans ses fractions, même les plus reculées.

Mais, dira-t-on, l'émir a renoncé à la province de Constantine, et s'est depuis six mois affaibli, compromis, par le siége d'une ville du désert, fort éloignée de cette province. C'est un résultat du repos que nous lui avons laissé. La paix a eu pour effet non de garantir Abd-el-Kader, mais de le pousser à sa ruine par son ambition. A cela la réponse est facile.

D'abord, s'il est vrai que l'entreprise contre

Aïn-Madi[1] ait jusqu'à ce jour été défavorable à Abd-el-Kader, il n'est point encore certain qu'il doive y échouer : tout dépend de la conduite des tribus qui le séparent de Tegdemt ou de Mascara. S'il réussit, il reprendra ses premiers projets avec bien plus de force et de confiance, et cela prochainement. S'il échoue, il est perdu sans doute; mais, lui mort, que fera-t-on? Nous n'osons penser qu'on voulût assister avec indifférence à un pareil événement, et qu'on persistât, malgré une si belle chance, à renoncer à notre extension dans le pays d'Alger ou dans celui d'Oran. Au reste, si l'on pensait à le faire, ce seraient alors les Arabes eux-mêmes qui nous pousseraient à la lutte inévitable à laquelle il faut se résigner.

---

[1] Depuis que ces lignes ont été écrites, on a annoncé la soumission d'Aïn-Madi et le retour de l'émir. Nous ne croyons pas à cette soumission; si Abd-el-Kader est revenu, c'est que non seulement sa position y était mauvaise, mais c'est qu'il n'a pas voulu rester éloigné du théâtre de l'expédition des Portes-de-Fer, qui est annoncée comme prochaine.

La preuve en est facile; elle s'offre à nous. Au moment où nous écrivons, les bruits fâcheux répandus sur la position de l'émir (bruits moins décisifs cependant que ne le serait la certitude de sa perte) ont presque suspendu l'action de son pouvoir sur les Arabes qui nous entourent. Aussi jamais n'y eut-il moins de sécurité, moins de tranquillité dans la plaine Trente mille hommes sont impuissans à maintenir l'une et assurer l'autre. Un corps de gendarmerie, uniquement chargé de surveiller et punir ceux qu'on veut appeler malfaiteurs, mais qui ne sont au fait que de véritables ennemis, va venir s'ajouter à de nombreuses troupes. Bien plus, l'émir a dû se reconnaître incapable de nous procurer la paix qu'il avait osé promettre; et nos troupes, faisant de nouveaux pas vers l'ouest, vont s'établir à notre extrême frontière et sur le flanc des Hadjoutes, qu'on affecte de regarder comme les seuls obstacles au repos général. Aujourd'hui deux lieues, demain deux autres; car si l'ennemi recule, il nous fait toujours face. Si donc l'absence de leur chef pousse les Arabes à la guerre, que ferait sa destruction !

Ce que nous venons de dire rapidement prouve qu'il n'est pas permis d'isoler ainsi les provinces les unes des autres. Cela n'est possible que par la guerre même que l'on croirait pouvoir éviter. Il n'entre pas dans le sujet de cette note d'examiner sous toutes ses faces la question de la paix faite ou plutôt tentée avec l'émir et les tribus qui lui sont soumises; mais ce qui précède suffirait au besoin pour en démontrer l'impossibilité. Qu'on cesse de croire, si jamais on l'a cru, que la paix puisse être durable dans l'ouest de la Régence. Quant à ceux qui triomphent de voir l'émir retenu depuis huit mois devant Aïn-Madi, nous nous bornerons à leur répondre que cette entreprise même n'est qu'une preuve de plus de ses projets ultérieurs contre nous. Sa capitale fut d'abord Mascara; nous avons été l'incendier. Il n'y est plus rentré depuis; car nous pouvions y revenir. Il voulut alors, encore resserré par le cours du schélif, rétablir Tegdemt, placé plus loin de nous. Quand la paix de la Tafna vint lui livrer la province du centre, plus d'une résidence convenable s'offrit à lui ; mais elles étaient toutes menacées par notre voisinage. C'est aux confins du désert qu'il a été chercher une nouvelle capitale. S'il a suspendu pour s'y rendre ses entreprises contre la province de Constantine, c'est qu'instruit de nos progrès de ce côté, il a compris que ce n'était plus aux Arabes seuls ni au bey Achmet qu'il aurait affaire. Avant de nous attaquer dans ce pays, il a voulu s'assurer une retraite. S'il parvient à s'en emparer, c'est de là qu'il pensera, qu'il pense déjà à s'élancer contre nous. Aïn-Madi, c'est pour lui l'aire de l'aigle; il croit notre vol trop pesant pour l'y atteindre.

CONCLUSION DE CETTE NOTE.

Il n'est ni sage ni même possible de concentrer nos efforts sur la province de Constantine en abandonnant le reste de la régence. Si l'on pensait à le faire, même momentanément, c'est-à-dire jusqu'à ce que notre établissement dans l'est eût reçu tout son développement, l'émir, ou à son défaut les Arabes eux-mêmes, se chargeraient de nous forcer à les soumettre.

NOTE III.

NOTE III.

De la nouvelle gendarmerie d'Afrique.

On s'occupe de la colonisation en Afrique; c'est une phase par laquelle il faut passer pour arriver aux saines idées et à une plus sérieuse entreprise. Nous résumons d'avance, et en ces termes, la question de colonisation, qui fera le sujet d'une autre note.

1° La colonisation de la régence par le mélange des populations européennes aux indigènes est impossible sans la soumission préalable de ceux-ci.

2° La colonisation absolue et immédiate n'est autre chose que la conquête par leur extermination.

3° La colonisation progressive, c'est la guerre perpétuelle encore, avec l'extermination pour moyen ou pour résultat.

4° La colonisation restreinte est une chimère, toute colonisation étant essentiellement envahissante.

Notre opinion ainsi résumée, il nous sera permis d'examiner, sous une de ses faces, la question de la colonisation restreinte au territoire que nous occupons, en ce moment, sur le littoral. Les réflexions suivantes nous sont suggérées à l'occasion de la création d'une gendarmerie française dans la province d'Alger, où les entreprises isolées des Arabes rendent tout établissement impossible.

Un établissement nouveau exige : capitaux, hommes, tranquillité, sécurité.

Les capitaux sont la source de toute production.

Les hommes, c'est le travail qui les utilise.

La tranquillité, c'est la faculté de travailler sans trouble.

La sécurité, c'est la tranquillité de l'avenir.

La tranquillité attirera bien quelques hommes aventureux et poussés par le besoin d'une condition meilleure ; mais la sécurité seule peut attirer les capitaux et les masses laborieuses ; et, soit dit en passant, la tranquillité, la paix nous la donne ; mais la sécurité ne peut être que le résultat de cette guerre que nous disons indispensable, et qui seule pourra nous la procurer quand elle aura été sagement, énergiquement conduite. Sous quelque face que nous envisagions la question d'Afrique, nous y voyons toujours percer cette vérité, qu'il faut la guerre, non pour détruire, non pour refouler les Arabes, mais pour les contenir et les soumettre.

Quoi qu'il en soit, la paix qui nous fait déposer les armes n'est pour nos voisins qu'une facilité de plus. Ils déposent, eux, le titre d'ennemis, et consentent à ne plus être que des voleurs et des assassins. Les mêmes hommes que nous combattions hier chez eux inondent aujourd'hui notre territoire, et cela sans crainte, sans danger pour eux, sauf le cas bien rare de flagrant délit; car tout Arabe qui traverse nos lignes, une poule à la main, est inviolable. Il nous est prescrit, il est prescrit par les besoins de notre consommation, de n'y voir qu'un marchand paisible; car une erreur serait fatale.

S'il y a eu quelques courts intervalles de tranquillité en Afrique, il n'y a jamais eu sécurité. Ainsi, dans l'état actuel des choses, la colonisation restreinte est soumise à des entraves qu'il faut faire disparaître.

Pour s'opposer aux incursions du dehors, on a multiplié d'une manière vraiment large les camps et les postes détachés. Mais qu'est-ce que cela? Si chaque chef de camp ou de poste était responsable de la tranquillité du terrain qu'il peut embrasser, si sa troupe parcourait la plaine le jour et la nuit, peut-être arriverait-on à des résultats meilleurs; mais alors ce serait la guerre; car, qu'on le sache bien, si la paix se maintient en Afrique, c'est à la condition que nos camps seront pour nous des prisons étroites, des loges fortifiées d'où nous assisterons au spectacle du brigandage des Arabes. Si l'on voulait charger l'armée de la police de la plaine, il faudrait un officier général pour chaque patrouille; car eux seuls pourraient prévenir toute hostilité. Une armée est combattante de sa nature; laissez-la se remuer, et son besoin d'agir se fera jour par quelque issue. Si l'armée doit combattre dans ses lignes, vous serez forcés de l'en faire sortir et de la conduire dans celles de l'ennemi. Ainsi, dans le système de la paix, ce n'est pas l'armée qui doit être chargée de la police de la plaine. Pour la faire cependant, il faut une troupe susceptible de combattre; mais que l'on crée un corps en dehors de l'armée d'Afrique, qu'on l'appelle gendarmerie, par exemple, et l'on aura quelque chose de semblable à ce qui se passe en Europe, non sur nos routes, mais sur nos frontières.

Si les états européens opposaient des troupes régulières aux efforts de la contrebande, placées ainsi en présence les unes des autres, et chargées de protéger des intérêts contraires, les armées finiraient par se combattre comme on a combattu à Navarin, comme on combattrait encore, si l'on mettait moins d'empressement à séparer aussi souvent que possible les armées navales en Orient.

En Europe, on maintient la paix en appelant douaniers les soldats chargés de nous défendre contre la contrebande, qui, sur certaines frontières, est une véritable hostilité d'état à état. En Afrique, on veut la maintenir en créant un corps de gendarmerie, nouveaux douaniers qui doivent s'opposer à l'importation du pillage et de l'assassinat. Aussi, pour les partisans du système pacifique, cette création sera une idée heureuse, une création utile.

Dès 1833, sauf erreur, et sous l'administration du duc de Rovigo, on créa en Afrique un corps de gendarmerie indigène, qui devait exercer au dehors une surveillance active et constante. Mais ces gendarmes, qu'il fallait payer chèrement, devaient offrir des garanties, puisqu'il allait leur être permis de parcourir ainsi armés nos établissemens et nos lignes. On les choisit donc, non chez les Arabes, mais dans la population même d'Alger, et parmi des gens liés à nous par l'intérêt de la propriété. Ce sont des hommes peu guerriers, connaissant imparfaitement le pays. Jamais ils n'ont rendu qu'un service passif, c'est-à-dire que, se reposant sur eux du soin d'une police qu'ils ne pouvaient ou ne voulaient pas faire, on en a épargné à l'armée les fatigues et le danger. Bien plus, et attendu que si les Arabes se bornaient quelquefois à dévaliser les Européens qu'ils attaquaient sur les routes, ils tuaient ordinairement les gendarmes indigènes qu'ils rencontraient isolés, ces derniers craignirent bientôt de s'aventurer au dehors, et s'ils le font encore, ils ont souvent soin de laisser chez eux leur costume distinctif, et cela pour n'avoir rien à démêler avec les voleurs, contre lesquels ils sont donc des protecteurs illusoires.

On en est donc venu à vouloir une gendarmerie française : on a peut-être calculé que ce corps va de fait accroître indirectement l'effectif de l'armée d'Afrique ; mais on a voulu surtout, selon nous, placer la police du pays et la protection habituelle de la colonie en dehors de l'action de l'armée.

Si la paix dure, ce corps sera chargé d'un service étendu, brillant même, si, comme on n'en doute point, il doit être composé avec soin en officiers et soldats. Si la paix cesse, il devient presque inutile, son rôle s'efface alors derrière celui de l'armée elle-même. Le corps de gendarmerie française en Afrique aura donc un grand intérêt, s'il comprend bien son rôle, à maintenir la paix sur la frontière et à ne pas se livrer à des hostilités trop fréquentes. C'est encore par ces motifs que cette création se recommande comme utile à des vues pacifiques. Nous ne pensons pas assurément qu'il remplisse en ce sens tout son objet; mais s'il y a eu habileté à en provoquer l'organisation, même dans ce but que nous croyons impossible à atteindre, nous n'en sommes pas moins disposés à le reconnaître.

Nous reconnaissons bien que la gendarmerie d'Afrique, enlevant aux troupes de ligne le service de sûreté du pays, diminuera les chances de rupture de la paix générale, attendu que la guerre qu'elle va faire aux Arabes sera réputée simple affaire de police, et perdra le caractère qu'elle prendrait autrement; mais réussira-t-elle à procurer à la colonie projetée cette sécurité qui lui est nécessaire ? nous sommes loin de le croire.

Nous revenons, pour appuyer notre opinion à cet égard, sur la comparaison déjà faite du service de ce corps à celui des douaniers sur nos frontières. Il y a long-temps, assurément, que l'on s'occupe de douanes en Europe, et ce moyen de protection est sans doute aussi perfectionné qu'il est susceptible de l'être. Or chacun connaît son impuissance; chacun sait à quel chiffre énorme s'élève sur certaines frontières l'importance du commerce de contrebande. Encore, celui qui s'y livre porte-t-il avec lui la preuve même qui peut servir à le faire reconnaître. Mais l'Arabe que vous voulez surveiller et atteindre, il faut le saisir au moment même où il consomme son crime; il faut être partout à la fois; car il restera un jour entier, une semaine entière, caché ou errant au milieu de vous, et saura attendre l'occasion favorable. L'efficacité de la gendarmerie d'Afrique sera donc plus difficile encore à obtenir que celle des lignes de douane, surtout si l'on tient compte de son faible effectif, eu égard à la superficie qu'elle doit protéger. Nous disons superficie ; car toute frontière est franchissable par des partis ou des hommes isolés. Ce n'est donc pas à la frontière seule que la gendarmerie devra agir.

Ce qu'a écrit le capitaine du génie Grand (enlevé trop tôt au corps qu'il devait honorer), sur la ligne ouest de notre territoire d'Alger, est ce qui a été pensé de mieux, sans aucun doute, sur cette matière ; mais nous croyons qu'il attribuait aux obstacles marécageux de cette ligne une efficacité trop absolue, surtout pendant la saison de sécheresse. Nous pensons aussi que c'est à tort que l'on compte, ainsi qu'on l'a fait jusqu'à ce jour, sur la frontière naturelle du sud; et si, par impossible, l'accès de la première était complètement fermé aux incursions des Arabes, on ne tarderait pas à s'apercevoir de la faiblesse de la seconde.

Nous n'avons parlé que de l'action matérielle qu'exercera sur la sécurité des colons la gendarmerie nouvelle en Afrique ; car, pour ce qui est de son action morale sur les Arabes, cela pourra dépendre sans doute de l'impulsion donnée à ce corps; mais nous ne pouvons penser que cette action puisse être plus grande que celle de vingt-quatre bataillons et douze escadrons, dont se compose en ce moment la division d'Alger. Or l'on sait ce qu'a pu être cette action jusqu'au jour où de nouvelles mesures ont été reconnues nécessaires.

CONCLUSION DE CETTE NOTE.

La création d'une gendarmerie en Afrique pourra avoir pour effet de placer l'armée en dehors des scènes auxquelles donneront lieu les incursions partielles et isolées des Arabes : elle pourra ainsi retarder de quelques jours la rupture officielle du traité de paix; mais elle ne pourra procurer à la colonie la sécurité qui lui est indispensable, ni par conséquent empêcher la guerre qu'un jour la colonie elle-même réclamera.

NOTE IV.

NOTE IV.

Sur le projet de coloniser la régence d'Alger.

§ I.

Droit, intérêt de la France à conserver la régence.

Toute conquête utile est-elle légitime? Autrefois, et à l'époque où la guerre était l'état habituel des états européens, où le problème d'équilibre général, possible ou non, n'avait pas encore été posé, il semble en effet que toute conquête utile était légitime; car on ne vivait guère que par elles. Il fallait être conquérant ou conquis. Depuis, la rivalité commerciale substituée à celle des armes n'aurait guère changé le fond des choses, si d'autres idées n'étaient venues surgir aussi; si l'on n'avait pas fini par reconnaître qu'autant vaut vivre par le travail que par le pillage; si, d'un accord presque unanime, les peuples n'avaient enfin admis que deux voisins peuvent prospérer sans se nuire.

Aujourd'hui, il n'y a plus de conquêtes légitimes que celles qui résultent de la nécessité d'assurer le repos aux générations laborieuses qui s'élèvent et qui doivent se succéder. S'il y a encore dissentiment sur cette question parmi les hommes, toujours est-il qu'aucune nation ne peut plus avouer un système brutal d'agrandissement; qu'aucun homme éclairé ne pourrait plus sans remords consacrer le travail de sa vie à des conquêtes, inutiles si elles ne sont nécessaires, immorales si elles n'ont pour moyens que le meurtre et la dévastation.

La conquête de la régence d'Alger par la

France ne doit point toutefois être rangée au nombre des accroissemens illégitimes, qu'elle ne s'était que trop permis à une autre époque. Chacun sait quelle attitude avaient encore dans la Méditerranée les états barbaresques, même depuis la paix générale. Chacun sait que la plupart des états chrétiens avaient consenti à s'affranchir, par la honte d'un tribut, du soin de protéger leur commerce maritime contre les incursions de ses pirates. Chacun sait aussi qu'on n'avait aucune garantie à attendre de la puissance décroissante de la Porte, qui n'avait plus aucune action sur les états de la côte d'Afrique; son droit sur elle n'échappant à la prescription que par le paiement d'une faible redevance et la vaine formalité de la confirmation annuelle des pachas, qui n'étaient plus des surveillans envoyés de Constantinople, mais bien, en ce qui concerne Alger, les deys eux-mêmes, choisis toujours par les janissaires de la régence.

A plusieurs époques, les puissances d'Europe

avaient pensé à secouer l'espèce de joug que faisait peser sur elle l'insolente confiance des Barbaresques. Napoléon avait ordonné des recherches sur les moyens de les détruire. Le congrès de Vienne même, si nous ne nous trompons, s'était occupé d'eux; mais tous deux avaient eu d'autres affaires; et, depuis la paix, la difficulté de l'entreprise avait toujours inspiré des craintes que l'on cachait sous l'apparence du mépris.

L'intervention de la France en Morée, faite de concert avec les autres puissances maritimes, avait eu pour objet principal la destruction des pirates de l'archipel; celle des pirates d'Afrique était une conséquence logique de ce premier effort. Une circonstance, peu importante au fond, fit échoir à la France encore la mission de servir le commerce européen.

Certes, en cette occasion, la France fit preuve de patience; car elle négocia près de quatre ans pour s'épargner la nécessité d'une conquête. Il n'y a point à lui reprocher d'avoir, dans un but d'égoïste agrandissement, saisi avec ardeur un vain prétexte de faire la guerre. Il est, au contraire, bien reconnu que le gouvernement d'alors reculait devant une pareille entreprise, et que, s'il s'y engagea plus tard, ce ne fut que pour servir d'autres projets.

Ainsi, si l'on peut contester que l'injure faite à un fonctionnaire imprudent motivât suffisamment l'expédition coûteuse de 1830, il est certain au moins que cette expédition était nécessaire pour conduire à la destruction des états barbaresques, qui refusaient de renoncer à un prétendu droit de piraterie, ne voulant pas se soumettre au droit commun des mers. Il est certain que cette destruction ne pouvait résulter que de l'occupation de ses ports; qu'enfin, si une circonstance heureuse a fait peser sur la France les risques et les frais d'une conquête que personne n'osait entreprendre, il est juste que la France au moins profite du succès qu'elle a su obtenir.

Les motifs n'avaient pas manqué pendant

quinze années de repos pour que chacun eût à venger de vieilles injures ou à s'affranchir d'une redevance servile. Les états trop faibles pour s'en charger nous doivent reconnaissance ; quant aux autres, c'est-à-dire l'Espagne et l'Angleterre (car la Russie n'avait pas encore l'entrée directe dans ces mers), la première n'était plus en voie d'agrandissement ; l'autre aurait eu des motifs plus que suffisans pour détruire une entrave qui pesait sur elle moins que sur d'autres, et que pour cette raison elle n'a pas détruite. Aussi, nous le déclarons, la morale publique la plus sévère n'a rien à reprocher à la France dans le pas qu'elle a fait vers l'accroissement de son influence dans la Méditerranée ; la rivalité seule peut lui en contester le droit ; mais les rivalités sont aveugles.

Si la France a eu le droit de conserver les postes du littoral de la régence, elle a dû le faire, si son intérêt, en outre, le lui conseillait. Une seule chose aurait pu pousser la France à l'abandon de sa conquête, c'eût été la perspective d'une charge sans compensation, soit par accroissement de puissance, soit par accroissement de commerce. Or, quoi qu'on ait pu dire d'abord, l'on reconnaît aujourd'hui, et les événemens se chargeront de prouver un jour, que la France avait un grand intérêt à se rapprocher de la ligne qui sépare Gibraltar de Malte et d'Alexandrie ; qu'elle trouvera dans sa nouvelle position un notable accroissement de force maritime. L'occupation d'Alger a donné à notre marine une activité qui lui était nécessaire pour ne pas décroître. Sans cette occupation, la navigation à vapeur lui serait presque inconnue. D'un autre côté, on a exagéré, sans doute, la variété des cultures dont la régence est utilement susceptible ; mais il n'en est pas moins vrai qu'elle peut enrichir la France de produits qui lui manquent [1]. Que la terre d'Afrique puisse produire

---

[1] Nous citerons entre autres l'huile que nous donnent à peine

beaucoup de matières qui nous manquent, cela est hors de doute; qu'elle puisse le faire avantageusement, cela est constaté pour la plupart; pour le reste, cela est au moins très-probable, et l'expérience le fera connaître; mais le résultat tient au système qu'on adoptera pour l'occupation du pays, et c'est ce système qui fait l'objet de cette note.

Quand on pense à ce qu'est devenue en France la culture de la betterave, si méprisée d'abord, cause de tant d'entreprises ruineuses, de tant d'efforts fatals à leurs premiers auteurs, on est amené à mettre une grande circonspection dans les questions de ce genre. Qu'on ne dise pas que la culture du blé, de l'olive, du coton, etc., sont des choses connues en Europe; elles sont inconnues pour

nos chétifs oliviers de Provence, le blé, la soie que nous achetons à l'étranger, le coton dont nous avons vu prospérer quelques pieds livrés à eux-mêmes (preuve de l'aptitude du sol à le produire), le riz que l'indigène y cultive, la laine si abondante et que l'Arabe doit être amené à améliorer, etc.

nous appliquées au sol d'Afrique. Transportez le paysan du nord dans nos provinces méridionales, il devra y faire une éducation nouvelle. S'il veut faire là ce qu'il faisait chez lui, il se ruinera. Il en est de même en Afrique; nous y apportons une science théorique étendue, notre instruction pratique doit s'y faire. On échouera d'abord; mais si l'on a bon courage, on finira par réussir.

Nous n'entendons pas exagérer non plus l'importance du commerce de l'intérieur de l'Afrique par la régence d'Alger; mais ce qui est certain, c'est que l'absence de sécurité a dû nuire à son développement; c'est que ce motif a rejeté vers les extrémités de cette côte, sur Maroc et sur l'Égypte même, les caravanes qui vont y faire leurs échanges, et que, si nous ouvrons une concurrence, les chances sont pour nous.

Au reste, il ne s'agit plus de prouver l'utilité matérielle d'une occupation qui est devenue irrévocable et que les événemens se chargent chaque jour de justifier ; et si quelques millions inscrits à notre budget étaient nécessaires pour nous procurer une puissance nouvelle, pour procurer à une partie de la France un débouché de plus et un élément de prospérité, nous n'hésiterions pas à y voir un sacrifice utile. On n'a pas encore songé à proposer de séparer de la France les départemens qui sont pour elle une charge pécuniaire. La prospérité d'un état ne se lit pas seulement dans le chiffre de son budget et dans celui de sa dette ; tout ce qui, dans les limites de son crédit, peut concourir à assurer sa position militaire, à favoriser dans son intérêt les rivalités commerciales, est encore un élément de prospérité.

Si le droit et l'intérêt de la France dans la question d'Afrique sont admis, il reste à examiner quels sont pour elle les moyens de succès dans l'avenir. C'est la question de colonisation qu'il faut suivre sous ses divers rapports, militaires, agricoles et commerciaux.

§ II.

Question militaire. — La France doit être tranquille du côté de l'intérieur pour n'avoir rien à craindre du dehors.

S'il s'élevait en Europe une marine assez puissante pour bloquer Gibraltar, si l'Espagne s'unissait à elle, les Anglais perdraient Gibraltar. Or nous ne sommes pas assez puissans sur mer, nous ne le serons jamais assez pour compter que l'on ne pourra nous bloquer sur l'un des points de la côte d'Afrique, pour espérer surtout rendre cette côte complètement inabordable par la seule action de nos vaisseaux. Il importe donc à l'occupation d'Afrique :

1° De trouver sur la côte même nos moyens de subsistance ;

2° D'avoir dans les indigènes du littoral des alliés sûrs ou des sujets soumis.

Nos moyens de subsistance seront assurés si nous occupons autour de chaque ville un territoire proportionné à nos besoins; mais si l'on ne voulait pas admettre comme nécessaire l'occupation complète du littoral (vers laquelle on marche depuis huit années cependant, et que mille raisons, ne fût-ce que les exigences des mesures sanitaires de nos voisins d'Europe, amèneront à réaliser bientôt), si l'on niait cette nécessité, au moins faudrait-il reconnaître qu'il nous est indispensable d'avoir par terre une communication assurée avec tous les points non occupés. Cette communication non seulement doit nous mettre en mesure de repousser les tentatives du dehors, mais elle seule nous assure un ascendant moral sur les populations maritimes qu'il nous importerait de contenir. Il faut aussi que nos stations sur la côte communiquent entre elles par terre; il faut dans ce système un ensemble qui le rende utile et respectable. Les Romains, qui aussi se bornèrent d'abord au littoral, l'avaient compris de cette manière : aussi quelques traditions parlent-elles d'une route romaine qui longeait de près la côte. Nous ne savons si cet ouvrage a effectivement existé; mais ce qui est certain, c'est que nos armées et leurs exigences embarrassantes ne s'accommoderaient pas d'un pareil moyen permanent de communication, qui d'ailleurs nous jetterait dans des pays qui ne veulent pas qu'on les traverse.

L'inspection des côtes de l'Algérie, la connaissance même imparfaite de la côte, nous apprend qu'une route carrossable doit s'éloigner généralement de dix et même vingt lieues des bords de la mer.

Ainsi la question militaire, tout d'abord, nous démontre que l'intérêt de notre sûreté, même si nous restreignons nos établissemens à une partie du littoral, nous oblige à occuper sûrement, invariablement une ligne allant de l'île de Rashgoun à la position de la Calle, et séparant, par son tracé, une zone assez large du territoire de la régence. Cette route doit avoir ses débouchés, assurés aussi, sur chaque point accessible et non occupé de la côte.

Nous ne développerons pas dans une simple note cet ensemble facile à saisir; mais la conséquence de ce système, qui n'est, au reste, qu'un *minimum*, se présente sans efforts. Un pareil réseau militaire doit peser aussi sur les populations qu'il enveloppe ou qu'il touche; la zone que nous venons d'indiquer est donc la limite inférieure du territoire dont, de manière ou d'autre, il nous faut être les possesseurs assurés.

Quant à la réalisation d'un pareil projet, les paragraphes suivans développent cette vérité déjà présentée dans une autre note, que nous ne pouvons pas espérer de séparer ainsi à tout jamais les populations de la régence, et qu'il ne faut pas compter sur le respect d'une frontière de plus de deux cents lieues, tracée en leur présence. Si la chose était possible d'ailleurs, la géographie s'y refuserait.

Parce que les cartes sont noircies par une ligne parallèle à la côte, et que l'on a écrit au dessous ces deux mots : *Petit Atlas*, des hommes de cabinet ont déclaré qu'il fallait s'en tenir à cette ligne, qui laissait encore quelques centimètres carrés de papier en notre pouvoir. Aujourd'hui l'on sait mieux ce qu'est l'Atlas.

Massif énorme de cinquante lieues de largeur ou davantage, poussant de toutes parts de lourdes branches, il embrasse au nord des vallées longues et fertiles, à travers lesquelles il envoie à la mer ses eaux plus souvent rares cependant qu'abondantes. Au midi ses pentes vont aboutir à de vastes plaines d'une richesse douteuse et certainement décroissante jusqu'au désert, cette mer du sud, où vont se perdre sans doute et tarir les eaux que l'Atlas y déverse, si un soleil ardent, si une terre brûlante ne les arrête en chemin.

L'Atlas n'est donc point une ligne de crêtes

comme les Pyrénées ou les Alpes, qui puisse séparer deux pays habitables. L'Atlas est, selon nous, la régence elle-même. C'est l'Atlas qu'habite l'Arabe ; c'est sur l'Atlas que nous sommes établis ; c'est lui que nos routes traversent ; sa forme ne se prête pas à nos étroits calculs, et, engagés que nous sommes sur ses pentes et sur ses crêtes, obligés ici de le suivre, là de le traverser, partout de le fouiller et le connaître, il ne nous est pas permis de lui demander une frontière.

L'Atlas, ce n'est pas seulement la richesse du pays, c'est le pays tout entier. Sans l'Atlas, point de position sûre; avec lui tout est à nous. On casserait l'ingénieur qui irait s'établir sous un commandement de quelques pouces, et l'on veut livrer notre avenir, soumettre notre position d'Afrique à celui d'un pareil massif, habité par de tels hommes [1].

[1] Ceci sera compris surtout par ceux qui connaissent la position de Belida.

C'est sur place, et non des cartes à la main, que de pareilles questions se traitent. Les montagnes de l'Algérie sont encore imparfaitement connues, elles nous cachent encore de riches contrées, nous n'en doutons pas; mais, telles qu'elles sont, elles ne peuvent pas trancher la question de notre consolidation en Afrique. C'est en elles-mêmes que cette question réside.

En résumé, pour que l'occupation militaire des côtes de la régence soit utile et sûre, il faut certaines portions de territoire communiquant entre elles. Cette indispensable communication nous rejette assez au loin dans les terres pour nous engager sur le massif de l'Altas, pour nous conduire donc au centre même de populations dont il faut nous assurer la tranquillité, et au besoin le concours.

§ III.

Question agricole. — Le pays ne produira au-delà de ses besoins actuels que sous l'empire d'un régime que les indigènes ne peuvent se donner sans nous.

Nous avons indiqué déjà quelques-unes des productions importantes que la France doit attendre ou peut espérer de l'Algérie. Il n'entre pas dans notre pensée de traiter ici la question agronomique, nous n'y sommes pas compétens ; nous ne tenons même pas, à vrai dire, à démontrer à ceux qui le nieraient encore que ce pays peut produire avantageusement pour la France. Ce qu'il nous importe, c'est de démontrer que s'il est capable de produire, il ne peut le faire sans nous.

Il y a une connexion intime entre ce que produit un pays fertile et l'importance de sa population, les besoins qu'elle éprouve. Pendant de longues années l'Indien du nord de l'Amérique ne demandera à la terre que les forêts où il vit de sa chasse. Mais donnez à cette terre une population civilisée, faite, pour ainsi dire, de toutes pièces, et un siècle suffira pour faire naître un puissant état, un énorme foyer de production.

Nous ne voulons pas dire que l'Algérie ait un aussi bel avenir, ni même qu'il faille l'engager dans la même voie ; mais si, dans son état actuel, la régence est peu productive, si elle semble digne à peine de fixer nos regards sous ce rapport, ce n'est pas qu'elle soit impuissante ; c'est qu'elle a été pendant des siècles livrée à une race qui a comme toute autre le désir du bien-être, mais que la barbarie des Turcs a détruite par la guerre ; qui avait à peine le droit de propriété ; qui, loin de pouvoir penser à améliorer sa condition d'esclave, n'avait autre chose à faire que de ne pas mourir ; qui n'aurait du reste eu qu'une passion, celle de ne rien produire pour ses oppresseurs.

Pour cultiver leur sol, il fallait aux Arabes l'espoir, le temps de jouir de leurs travaux : or pas un qui pût compter sur le lendemain, pas un qui pût sans danger montrer d'autres richesses que celles qui devaient aller servir au luxe de ses maîtres.

Les Turcs campés en Afrique comme ailleurs, mais là surtout, au milieu de peuples ennemis, s'étaient comptés d'abord, puis avaient calculé ce qu'il leur fallait de cruauté pour dompter les Arabes, ce qu'il leur fallait de richesses pour se maintenir ; puis ils avaient dit aux indigènes : « Vos montagnes
» ne seront pas plus peuplées que ne le per-
» met notre nombre; vous produirez ce qu'il
» faut, à vous pour vivre, à nous pour soutenir
» notre pouvoir et notre luxe. Mais rien au-
» delà. Si vous avez trop d'enfans, nous vous
» décimerons, trop de chevaux ou d'armes,
» nous les prendrons. Si vos moissons sont
» trop belles, nous les brûlerons. Si vos bois

» d'oliviers s'étendent, nous les couperons. » Et si les tribus oubliaient cette menace, s'il se manifestait chez l'une d'elles un signe quelconque de prospérité, les Turcs décimaient, pillaient, brûlaient, comme ils l'avaient annoncé; car l'Arabe était esclave et n'avait qu'à suffire aux besoin de son ennemi.

Voilà pourquoi la régence est si pauvre encore, voilà pourquoi elle se présente à nous souvent nue et dépouillée. Ce qui manque à ce pays, c'est une population. Ce qu'il faut à cette population, c'est le repos, la protection, la liberté telle qu'elle peut la comprendre, la justice surtout telle que tous les hommes la comprennent.

Tous ces principes d'une application nouvelle chez les Arabes, c'est à la France à les faire prévaloir. Or, parce que l'on se sera arrêté au projet de laisser naître une souveraineté nouvelle parmi eux, parce que l'on aura constaté dans un traité que notre alliance avec elle repose sur les principes de liberté de mouvement des individus et de liberté de commerce des produits, croit-on pour cela qu'on aura déposé dans cette création nouvelle le germe des bienfaits dont la France devrait un jour recueillir les avantages ? Ce serait une grave erreur.

Si le nouveau pouvoir fondé chez les Arabes n'est point soumis au nôtre, il en sera le rival; il aura donc besoin d'être fort, et sa force consistera, non pas à nous imiter en s'engageant de lui-même dans la voie où nous voudrions le conduire, mais à développer, au contraire, chez les indigènes, tous leurs élémens de résistance à notre civilisation. C'est un calcul étroit sans doute ; mais que l'on reconnaisse au moins qu'il serait exact. Une grande nation peut chercher dans l'imitation d'une nation ennemie ou rivale ses moyens d'indépendance et de prospérité; mais l'Arabe de l'Algérie, pour nous résister, a besoin de rester ce qu'il est, de reculer encore, s'il est possible. S'il se fait semblable à nous, il perd tout avantage. Il vaudrait mieux pour lui se soumettre d'avance. C'est là une vérité qu'il comprend bien, et c'est ici le lieu d'en donner comme preuve l'examen, sous ce rapport au moins, de la politique du chef qui le dirige en ce moment.

La conquête de la régence par les Français n'a pas été pour les Arabes le commencement d'une période de résistance. Elle remonte, ainsi que nous l'avons indiqué dans une autre note, à l'apparition même des Turcs dans le nord de l'Afrique.

Pour vouloir résister à la domination de ces derniers, les Arabes n'avaient pas seulement le motif de conserver leur indépendance politique; ils étaient encore séparés d'eux par un assez grave dissentiment religieux.

Deux grandes sectes partagèrent, dès son origine, la religion du prophète. Le chef de l'une d'elles est l'empereur qui réside à Constantinople; l'autre reconnaît pour pontife le souverain de la Perse. Il existe entre ces deux fractions une haine profonde; une foule d'autres sectes se formèrent de leurs débris ou de leur mélange. La plus importante est celle à laquelle appartient l'occident de l'Afrique, et qui reconnaît pour chef l'empereur de Maroc. Elle reconnaît l'hérédité du kalifat dans la descendance du prophète; par ce point elle se rattache aux Persans; mais elle admet les traditions de l'histoire pour certains commentaires du Livre, et pour certaines formes du culte, se rapprochant ainsi des Ottomans. Toutefois les mosquées des Turcs et des Arabes ne sont pas communes, et pendant que les premiers prient pour le sultan, c'est au nom de l'empereur de Maroc que s'accomplissent les rites du culte des Arabes.

La position du gouvernement anglais, par rapport à l'Irlande, donnerait une idée assez exacte de celle du pouvoir turc pesant sur les Arabes et les Maures déshérités. Il y a entre Maroc et ces deux dernières races des liens semblables à ceux qui unissent Rome aux catholiques d'Irlande. Aussi trouve-t-on dans ce fait un des motifs de cette plus grande résistance opposée de tout temps par l'ouest de l'Algérie, plus voisine de Maroc, et que nous avons déjà eu occasion de reconnaître.

C'est de ce côté que se sont presque toujours élevés les hommes qui osaient proclamer l'indépendance de leur nation. Mais comme le sentiment de nationalité, toujours attaqué, brisé par la politique des Turcs, était presque éteint chez les Arabes; comme aussi les chefs de ces révoltes n'avaient aucune de ces pensées généreuses qui auraient pu le réveiller en leur inspirant de nobles projets; comme ils n'avaient à offrir aux Arabes ni des idées nouvelles, ni presque un sort meilleur, c'est surtout à leurs croyances qu'ils s'adressaient. C'est au nom de la religion qu'ils proclamaient, qu'ils soutenaient la révolte. Aussi, dans la pensée des Arabes, ces deux mots se liaient-ils étroitement.

Si d'abord la religion avait dû provoquer la

révolte, la révolte à son tour ne fut plus bientôt qu'un acte de religion. Celle-ci devait en diriger les efforts, et en effet les chefs de cette résistance furent toujours, par leur origine ou par les pratiques sévères de leur vie, éminemment propres à émouvoir les sympathies des sectaires auxquels ils voulaient mettre les armes à la main.

Meï-ed-Din, père d'Abd-el-Kader, était un homme de cette espèce, un *marabout* fort respecté. Il avait pris part à une entreprise assez récente dans la province d'Oran. Depuis, il avait été trop bien surveillé pour continuer à prêcher la résistance ; mais il avait élevé son fils dans la confidence de ses projets. Il vivait encore, lors de notre arrivée dans la province, et dès lors retiré chez les Arabes, il y fut un de nos plus ardens adversaires.

Empoisonné par Ben-Nouna, dit-on, qui, chef alors à Tlemcen et homme ambitieux lui-même, voulut se défaire d'un dangereux rival, il légua à Abd-el-Kader, son second fils, le soin de le remplacer dans le rôle qu'il avait depuis long-temps adopté. Une révélation divine lui désigna, dit-il, ce fils comme chargé de l'avenir de son peuple, et avant sa mort il le fit reconnaître par ses partisans. C'est ainsi que l'émir actuel s'est trouvé placé sur le seuil du théâtre où il a tant grandi depuis.

Il avait été présenté par Dieu lui-même aux Arabes, chargé par lui de défendre et de relever une religion opprimée jusque là, aujourd'hui menacée dans son existence.

Nous ignorons si ce jeune chef crut en effet d'abord que nous venions en Afrique pour anéantir ses croyances, et s'il crut aussi à sa mission divine. Son éducation peut le faire penser; mais ce qui nous paraît certain, c'est qu'aujourd'hui il doit être éclairé à cet égard. Il doit savoir que nous n'apportons pas au milieu des Arabes une religion nouvelle; il sait que nous avons *jusqu'à ce jour* proclamé et pratiqué la tolérance. Forcé de s'enquérir de nos idées et de nos usages en Europe, il ne doit lui rester à cet égard aucun doute.

Mais s'il le pense aujourd'hui, il n'en est que plus dangereux, car il lui est interdit de le reconnaître.

Un autre que lui, placé au pouvoir par sa naissance et son courage, choisi par les Arabes pour préparer leur résistance et diriger leurs efforts, un homme enfin qui n'aurait eu qu'un rôle militaire à remplir, aurait pu, peut-être, éclairé plus tard par notre conduite, contracter avec nous une alliance sincère et profitable aux deux nations; mais l'émir est là par la volonté divine, sa mission est religieuse, son pouvoir ne grandit que parce que la religion est en danger. Si un seul jour, un seul moment, il avouait aux Arabes qu'il croit à notre tolérance; s'il avouait que la religion n'a rien à perdre à notre contact, Abd-el-Kader cesserait d'être ce qu'il est pour eux. D'autres que lui ont voulu le pouvoir, d'autres le veulent encore, et traiteraient avec nous au besoin. S'il descendait à ce rôle, il ne serait plus pour eux qu'un rival, pour les Arabes un ambitieux vulgaire. Ils ne croiraient plus à sa parole. La vision de son père ne serait plus qu'un mensonge.

Ainsi, l'intérêt de l'émir est de placer la question sur le terrain religieux, et cela sans concession, sans faiblesse. Toutes nos tentatives ne doivent être pour lui que des séductions, et c'est dans la religion seule, c'est dans l'horreur pour toute innovation chrétienne qu'il puisera sa force, qu'il pourra trouver le succès.

On voit que nous ne sommes pas absolus dans ce principe, que la nation arabe ne peut se développer que sous notre domination directe, et que, ce que nous refusons à l'émir à cause de l'origine de son pouvoir, nous l'eussions accordé peut-être à un autre, si dès le principe on eût tenté de fonder en Afrique une autorité devant tout à notre présence et ne pouvant se soutenir que par nos armes. Mustapha-ben-Ismaël offrait bien quelques chances en 1834; mais on les négligea à cette époque; aujourd'hui il est bien tard.

Quoi qu'il en soit, l'autorité d'Abd-el-Kader est un sacerdoce, et il ne lui est pas permis d'en changer la nature. Il faut qu'il entretienne les haines religieuses, qu'il les ravive au besoin, résistant ainsi, autant qu'il est en lui, à l'effet inévitable de notre présence et de notre politique contre lui.

S'il importe à l'émir de nous présenter aux Arabes comme des conquérans religieux, il lui importe aussi qu'aucune tribu ne vienne auprès de nous faire une épreuve qui le démente. C'est là pour lui une question vitale : aussi l'on a vu avec quelle persévérance il a lutté contre tous nos efforts. La guerre de 1835 a eu pour cause l'appui que nous a demandé une tribu non soumise. En 1837, quand notre alliance avec elle avait été cimentée par la fraternité du champ de bataille, il osa encore la réclamer comme sujette et coupable. Pendant dix-huit mois il a infatigablement travaillé à rendre l'occupation de Tlemcen, qui nous plaçait au centre des Arabes, inutile et embarrassante. Quand il fallut traiter, « la paix sans Tlemcen, dit-il lui-même, ne sera qu'une courte trêve. »

Sa haine persécute et décime la race des Koulouglis, que leur intérêt et leurs souvenirs éloignent des Arabes et poussent vers nous. Il rappelle et éloigne les tribus qui habitent derrière nos lignes ou dans leur voisinage. Tout musulman qui consent à vivre parmi nous renonce, dit-il, à la foi de ses pères; enfin ne renonçant, lui, que dans la forme à son autorité sur ceux qui restent dans nos villes, il stipule de leurs droits dans ses traités avec nous.

Une ressource contre lui nous semblait offerte dans les articles qui proclament la liberté absolue du commerce; mais on ne pourrait l'obtenir de lui, même par la guerre, car cette liberté le tuerait.

S'il en laisse consigner le principe, c'est par

une pure forme, ainsi qu'on a pu s'en convaincre, et que le gouvernement l'a reconnu lui-même. Sous peine de mort, il défend le commerce des chevaux ; si nous voulons aller chez les Arabes, il nous refuse, et c'est avec lui ou ses agens immédiats qu'il faut agir. C'est par quelques points isolés de la côte, et non occupés par nous, qu'il permet à ses sujets de faire écouler les denrées qui doivent fournir au paiement de l'impôt, et les caïds ou autres placés encore sur ces points entre les Arabes et nous servent, par leur présence, l'intérêt de sa politique et celui de son monopole.

Nous ne nous arrêterons pas ici à ce système de monopole, qui lui est assurément dicté en partie par l'avidité ignorante commune à tous les Arabes ; mais ce qu'il faut dire, c'est que son but aussi est de nous séparer de ceux-ci sans retour.

Que peut-on espérer d'un pareil état de chose ? Est-ce cette paix solide et sincère qui donnerait aux Arabes cette confiance qui seule peut les porter au travail? Non, sans doute; car les Arabes ne voudront produire, pour les voir livrés à leurs ennemis, ni de riches moissons, ni de nombreux troupeaux. Ainsi, le pouvoir d'Abd-el-Kader est une hostilité vivante; s'il se rallie à nous sincèrement, il est perdu. Il faut qu'il nous ôte toute action, même indirecte, sur les indigènes. Il doit leur inspirer des haines éternelles et une méfiance continue. La prospérité de la régence est donc, par cela seul, incompatible avec le pouvoir qui ne peut consentir à dépendre de la France. Bien plus, l'émir est nécessairement ennemi de cette prospérité; car non seulement il sait que la force de son pays réside dans son état actuel de barbarie, dans la difficulté pour nous d'atteindre un ennemi que rien ou presque rien ne fixe à sa place, et qui ne produit que ce qu'il peut soustraire à nos attaques; mais il sait aussi que si l'Arabe se livre à la culture, il en voudra recueillir les fruits; qu'il voudra bientôt cette sécurité qu'on lui présente comme im-

possible, et que peut-être un jour le besoin de repos le pousserait vers nous et à la révolte contre lui. « Pourquoi vous demanderions-nous la
» paix? répondait le lieutenant de l'émir à une
» ouverture indirecte qui lui était adressée ;
» nos tentes sont légères, nos chameaux les
» portent avec nos richesses partout où vous
» n'êtes pas. La guerre ne peut rien nous
» faire perdre, et jusqu'à ce jour elle ne vous
» a rien fait gagner. » Qu'on n'en doute pas, Abd-el-Kader sait qu'il faut que les Arabes restent ce qu'ils sont pour se défendre, pauvres et n'ayant rien à perdre.

Telle est la condition que doit leur faire le chef qui les gouverne en ce moment. Il en sera de même de tout autre pouvoir qui voudra s'élever sans nous et malgré nous. Nous seuls donc pouvons donner aux populations de la régence le régime politique favorable au développement de sa prospérité agricole.

Que nous agissions sur elle directement ou par des chefs soumis à la France, cela est peu important ici. Il suffira que nous soyons les maîtres ; car l'indépendance pour les Arabes n'est plus possible qu'à la condition pour eux de rester armés et pauvres.

§ IV.

Question commerciale. — La France doit assurer le passage des caravanes qui font le commerce du désert. — Elle doit simplifier les relations d'échanges, et ne point souffrir d'intermédiaires entre elle et les Arabes.

Antérieurement à notre établissement à Alger, le commerce de l'intérieur, celui des tribus voisines du désert, celui du désert même, ne se faisait pas toujours directement avec la côte. Les Juifs, qui, comme négocians, ou comme courtiers, faisaient toutes les affaires du pays, n'osaient guère s'aventurer au-delà des premières villes de l'intérieur. Les Arabes, de leur côté, ne se souciaient pas de parcourir de longues distances, ou de venir exposer à la rapacité des agens inférieurs de l'autorité turque les objets de leur commerce.

Les caravanes lointaines et importantes étaient à peu près les seules qui vinssent jusqu'à la côte, après avoir assuré leur marche par de grands sacrifices.

Les Arabes du sud de la régence, dont la richesse consiste en troupeaux si nombreux, que l'on y compte les moutons par cinq cents, à peu près, comme le bataillon est l'unité de force de nos armées [1], échangeaient avec ceux qui les séparaient de la côte leurs laines contre les grains et l'huile qui leur manquent, contre les étoffes qu'ils ne savent pas fabriquer.

Les Arabes du désert livraient aussi à leurs voisins la poudre d'or, les plumes d'autruche et quelques autres produits, qui, par une série d'échanges, arrivaient à la côte.

Quant aux caravanes de l'intérieur de l'Afrique, elles apportaient, soit à Constantine,

---

[1] La réunion de cinq cents moutons a un nom propre dérivé de l'expression du nombre *cinq*.

soit à Tlemcen, ou enfin à Alger même, la poudre, l'ivoire, les nègres et leurs autres richesses. S'arrêtant aux limites du désert, elles envoyaient à Alger des députés qui, payant cher aux Arabes le droit de passage, venaient solliciter la protection des Turcs. Il fallait acheter cette protection, qui consistait, selon les lieux et selon les temps, en une escorte, ou un simple firman du dey. Munies de cette garantie, les caravanes s'engageaient alors dans la régence, abandonnant encore, pour leur sécurité, soit aux chefs arabes, soit aux agens turcs, une partie des denrées qu'ils allaient vendre. S'il avait fallu payer cher pour arriver, il fallait encore payer pour le retour; car dans ce pays tout se payait.

Il devait résulter de ces nombreux échanges, de ces dangers sans cesse renaissans, une grande difficulté de commerce, un grand accroissement dans les prix. Et que l'on ne s'étonne pas que les Turcs n'aient point mis les choses dans des conditions meilleures. Ainsi que nous l'avons dit, leur autorité était loin d'être assurée partout. Solidement établie dans le voisinage des grandes villes, leur influence décroissait à mesure qu'augmentait le rayon de leur occupation. Leurs agens ne résidaient pas au-delà de certaines villes. Plus loin, le tribut n'était plus guère levé que les armes à la main, et les Arabes étaient maintenus plutôt par la crainte que par une soumission réelle. Il y aurait donc eu danger pour les conquérans à trop exiger des Arabes soustraits à leur action constante; et les entraves que la cupidité de ceux-ci apportait au commerce étaient peut-être difficiles à lever. D'ailleurs les Turcs trouvaient plus simple de se faire rendre par un impôt plus fort une partie des bénéfices qu'une surveillance plus grande, une autorité plus réelle, aurait rendus impossibles. En légitimant ainsi l'avidité des Arabes, ils augmentaient le mal au lieu de le détruire. Il était donc difficile que le commerce prît un grand développement.

Depuis, la guerre presque sans résultats matériels que nous avons faite aux Arabes a dû le rendre à peu près nul ; car personne n'a assez de confiance dans l'état actuel des choses pour aventurer dans ce pays son argent ou sa denrée. Quelque forte qu'ait pu devenir la position de l'émir dans le rayon qu'il occupe, il est loin de pouvoir veiller à la sûreté du pays en général, et s'il pouvait d'ailleurs présider au commerce, il le ferait d'après ses idées, d'après celles qu'ont enracinées dans le pays de longues habitudes et l'exemple des derniers possesseurs. Ainsi, quant à la prospérité du commerce intérieur, il nous importe de rendre les communications faciles, sûres, peu onéreuses, les relations plus simples. Cela ne peut résulter que de notre présence sur les lieux, de la confiance que l'on aura dans nos vues, du respect des Arabes pour notre volonté.

L'intérêt de notre avenir militaire dans la régence, celui de notre commerce, nous tracent donc la même marche. Tous deux nous conseillent l'occupation complète du pays. D'ailleurs la nécessité où nous avons été de tenir notre flotte à Tunis pendant l'expédition de Constantine, deux ambassades auprès de l'état de Maroc, pour réclamer son inaction et sa neutralité, ne prouvent que trop que l'émir n'est pas notre seul ennemi en Afrique, et qu'il nous importe de ne pas laisser se développer autour de nous une influence jalouse, qui ne pourra que nous nuire, si elle grandit. Ainsi, tout nous porte à ne pas nous arrêter sur le seuil, pour ainsi dire, de la régence, d'Alger. Ce qu'il nous reste à faire voir, c'est qu'en cela notre intérêt est d'accord avec la nécessité, et que, placés en présence des Arabes, nous ne pouvons arrêter notre marche, et que le contact doit rendre leur soumission nécessaire.

§ V.

Nous supposons que la France, renonçant à consolider sa position militaire, et acceptant le pays tel qu'il est, se restreigne à ce qu'elle occupe en ce moment. Pour occuper ce pays, il y faut placer des habitans; or, la population indigène qui s'y trouve est trop peu importante pour compter. La politique de notre ennemi ne nous permet pas de penser à des accroissemens prochains dans son chiffre; c'est donc à l'Europe qu'il faut demander une population. C'est ici que nous entrons dans la question de colonie.

Certes, il ne serait pas difficile d'attirer dans la régence cent vingt-cinq à cent trente mille colons, que comporterait le territoire que nous nous sommes réservé jusqu'à ce jour. Les sacrifices pécuniaires qui en résulteraient d'abord pour la France ne sont pas au-dessus de ses forces. Une pareille masse pourrait effectivement rejeter sur la frontière même ce qu'on appelle aujourd'hui les déprédations des Arabes, et ce qui, pour nous, est une guerre véritable. Elle pourrait donner au centre quelque repos et quelque sécurité ; mais cela ne suffirait pas ; et il faut savoir si le colon, placé ainsi en présence de l'Arabe, inquiété par un voisin dangereux, poussé lui-même par sa position et sa nature aux représailles ou à l'agrandissement, consentira à rester dans ses limites ; si le colon enfin, qui, selon quelques-uns, devrait nous permettre de nous arrêter en nous rendant les Arabes indifférens ou inutiles, ne serait pas, au contraire, un nouvel élément de guerre, une puissante cause comme un important moyen d'extension.

Toute colonie nous semble par sa nature

essentiellement progressive. Nous nous en rapporterons pour cela aux leçons mêmes de l'histoire.

Nous ne parlons pas des colonies anciennes, qui avaient un but avoué ; pas même de celles des Espagnols en Amérique, qui n'ont été que de véritables œuvres de destruction. Nous citerons deux exemples seulement, parmi ceux de colonisation restreinte, en présence d'un grand territoire, entreprise dans les temps modernes : ce sont ceux que l'Angleterre nous fournit dans les Indes et dans le nord de l'Amérique.

Les populations asiatiques auprès desquelles l'Angleterre se plaçait par la prise de possession du littoral de l'Inde étaient éminemment propres à se prêter à l'établissement projeté dans cette partie du monde. Elles étaient peu guerrières, n'opposaient aux tentatives de l'étranger que l'insouciance d'une vie qui se soutenait sans travail. Cet immense pays produisait plus que l'Europe ne devait d'abord consommer, et cependant de simples comptoirs devinrent bientôt de véritables états. Plus tard, l'Angleterre occupa la plus grande partie de la presqu'île. L'intérêt de son commerce, qui se développait chaque jour, le poussait ainsi vers l'intérieur. Bientôt celui de sa conservation l'obligea à faire accepter par les états voisins des envoyés, véritables proconsuls, qui fondaient dans chacun d'eux une domination réelle; aujourd'hui, partie des bouches du Gange, il lui faut aller, jusqu'aux confins mêmes de l'Asie, disputer aux puissances rivales la prépondérance, qui est pour elle une question vitale. Chacun avait pu voir dans la création de la compagnie des Indes un élément de commerce important; personne ne prévoyait que c'était le germe d'une domination fondée sur une population de cent millions d'âmes.

On dira sans doute que la prospérité de la colonie des Indes n'est assurément pas réservée à celle d'Afrique. Soit; mais de deux choses l'une : ou le colon trouvera sa position heureuse, et il voudra s'agrandir; ou elle sera mauvaise, et il périra s'il ne se retire.

Mais ce n'est pas tout encore. Au milieu du dix-septième siècle environ, poussée hors de sa patrie par l'intolérance religieuse, une secte nouvelle va aborder sur les côtes de l'Amérique du nord. Ces hommes n'avaient point d'armes : conquérans pacifiques, s'il en fut jamais, ils avaient horreur de la guerre, et se disaient amis de l'humanité; Guillaume Penn était à leur tête. Ils trouvent dans ce pays des hommes simples, qui les accueillent et leur accordent, sans crainte, le faible territoire qu'ils sollicitent comme asile. Un traité solennel est conclu. Jamais les Indiens ne feront la guerre à leurs nouveaux alliés, qui jamais, eux, ne penseront à sortir de la limite qu'ils ont tracée eux-mêmes. La simplicité des indigènes, les croyances religieuses des hommes qui venaient de traiter avec eux, leur petit nombre, leur philanthropie, tout fait croire qu'il y avait bonne foi de part et d'autre. Mais cent années à peine s'écoulent, et, si nous reportons nos regards de ce côté, nous voyons une nation nouvelle qui a tout envahi, tout exploité. Quant aux indigènes, aux anciens maîtres de cette terre, nous en trouverons bien encore quelques traces, mais bien loin du centre où naguère ils ont signé l'arrêt de leur ruine. Et si quelques peuplades habitent encore au milieu des nouveaux peuples, nous les voyons chaque jour, refoulées ou détruites, faire place à d'autres, et livrer ainsi à l'étranger des richesses qu'ils n'ont pas su connaître [1].

Il en sera de même en Afrique. Si le colon d'Europe y prospère, il voudra s'étendre; s'il ne lui faut qu'un prétexte, il en trouvera de nombreux dans les dispositions de ses voisins,

---

[1] En 1838, encore une peuplade de près de vingt mille amés, celle des Cherokées, qui avait embrassé le christianisme, et vivait paisiblement au centre des États, a dû se retirer devant l'avidité des colons attirés par la découverte de riches mines.

Nous avons déjà dit quelles haines devaient être entretenues et ravivées au besoin parmi eux ; et contre ce besoin de s'étendre ou de se combattre ; il n'y aura rien à faire [1] ; car si vous chassez un voisin turbulent, il vous faudra occuper encore la place que vous lui aurez enlevée, pour procurer à votre frontière cette tranquillité qu'elle avait assurée derrière elle. Vous repousserez votre ennemi, cela est vrai ; mais il vous restera en face ; vous n'y aurez donc rien gagné. Seulement on aura fait un pas de plus dans cette marche vers l'occupation générale que nous annonçons comme nécessaire. Pensera-t-on à interposer entre les deux partis hostiles une armée dis-

---

[1] L'incompatibilité des colons et des indigènes est suffisamment annoncée par ce qui se passe sur les points encore peu nombreux où leur contact existe. Ce ne sont pas ordinairement les colons qui ont tort ; mais leur présence seule est une cause d'embarras ; aussi chacun en Afrique a-t-il pu juger de l'animadversion, qui, dans l'esprit de toute autorité militaire, s'attache bien injustement à la qualité de colon. Que serait-ce s'ils étaient cent mille ?

ciplinée et obéissante? Ce sera 50,000 hommes pour en garder 100,000. Nous verrions dans le colon un homme armé pour sa défense, supportant les dangers d'une entreprise qui lui profite, et consommant ainsi l'œuvre qu'une faible armée protége par son concours. Mais si par colonie on entend un établissement surtout militaire, qui, formé sur une ligne, sépare et regarde à la fois deux races ennemies l'une de l'autre, ennemies de l'armée qui les observe, nous livrons une pareille idée à d'autres discussions; nous ne nous occupons que de choses possibles.

Il est établi pour nous désormais que non seulement l'intérêt de la France lui commande l'occupation complète de la régence, mais qu'en outre les efforts qu'elle fait pour s'y établir, même partiellement, doivent la pousser inévitablement à cette occupation. Ainsi, entre ceux qui voudraient coloniser une partie et ceux qui demandent une conquête immédiate, il n'y a guère qu'une question de temps.

Il y a autre chose cependant ; car remarquons que la colonie ne s'étendra que par la guerre ; qu'il n'y aura pas de mélange possible entre les deux partis ; que la France, étant obligée de soutenir ses colons, sera poussée au refoulement, et par conséquent à la destruction des races indigènes ; car le désert ne peut les nourrir. C'est la guerre perpétuelle qu'elle se prépare avec un but bien inhumain, quand, au contraire, et dès à présent, une guerre plus vive que sanglante, prompte dans ses effets, assurée dans son résultat, pourrait donner un bel avenir, empêcher de grands malheurs.

Nous avons admis le colon comme prospérant en Afrique ; mais ce serait encore là une question importante à traiter. Il faudrait savoir jusqu'à quel point l'homme d'Europe peut se naturaliser dans ce pays, et à quelles conditions. Jusqu'à ce jour l'expérience est douteuse, et chacun sait avec quelle difficulté les enfans s'y élèvent.

Mais si le colon peut s'établir en Afrique, ce n'est pas sans doute parce qu'il viendra y descendre au niveau des indigènes; ce sera parce qu'il pourra y satisfaire les besoins auxquels son pays ne suffit plus. Or ces besoins, quelque bornés qu'ils soient, sont déjà du luxe pour l'Arabe; le résultat de la concurrence qui s'établira entre eux, la plus grande facilité qu'aura ce dernier qui produit à si bon compte, sont encore deux questions qui doivent faire réfléchir avant d'entreprendre une colonie; car cette concurrence ne viendra pas seulement du dehors, elle s'établira au sein même de nos entreprises. Déjà les premiers cultivateurs en ce pays ont reconnu, pour la plupart, les avantages qui résultent pour eux de l'emploi des Kabaïles comme manouvriers. Les seuls travaux, croyons-nous, auxquels l'Européen soit employé de préférence, sont ceux des foins, qui sont inconnus aux indigènes, qu'ils pourront apprendre cependant.

Prenons garde donc, en livrant l'Algérie au colon d'Europe, de lui donner une tâche trop lourde pour lui; mieux vaudrait laisser à cette terre, à ce climat, l'Arabe si bien fait pour l'une et pour l'autre. Le pays doit sans doute immensément gagner par le travail; mais ce travail pourra-t-il marcher assez vite pour satisfaire et conserver le colon? N'est-il pas plus sage d'attendre, de ne pas séparer l'un de l'autre la terre qui ne pourrait pas donner peut-être tout ce qu'il faudrait au paysan d'Allemagne, l'Arabe qui, content du progrès qu'il aura pu faire, saura se restreindre et ne lui demander que ce qu'elle a?

Quant à nous, si nous sommes portés à admettre que les Européens peuvent vivre en Afrique, c'est à la condition qu'ils n'y auront d'autres fatigues à supporter que celles du travail d'une terre facile et généreuse. Mais, si l'on place en présence deux populations ennemies, l'une faite au sol, l'autre n'y supportant la guerre qu'au prix des soins ruineux qu'il faut à nos soldats, nous n'hésitons pas à déclarer que la seconde doit périr à la lutte.

Ainsi donc, non seulement la colonisation conduit à la destruction de la race indigène, mais peut-être sera-ce aussi celle de la race nouvelle que l'on voudra lui substituer. Ce serait donc une double consommation sans utilité; et un jour, lorsque nous serions arrivés en présence du désert, nous n'aurions derrière nous qu'un désert nouveau, fruit d'une mauvaise politique et d'une entreprise immorale.

Un pareil résultat mérite qu'on y pense; mais heureusement il n'est pas nécessaire de s'engager dans une pareille voie. Il est bien vrai que les limites des nations sont des conventions des hommes, à charge pour chacune de concourir pour sa part à la prospérité de la race humaine; il est vrai que la terre a été donnée à celui qui travaille et la fait fructifier; mais est-il vrai aussi que l'Arabe se refuse à faire ce que nous allons vouloir tenter à sa place? faut-il le déclarer incapable de progrès, incapable de concourir avec nous à la régénération de l'Algérie? faut-il le repousser parce qu'il repousse lui-même nos avances, et en conclure qu'il ne peut être amené à nous comprendre et nous aider? La Note première répond déjà suffisamment à ces questions; les Notes suivantes achèveront de les éclaircir.

CONCLUSION DE CETTE NOTE.

La France a le droit de conserver la régence; son intérêt la pousse à l'occuper complètement. Si elle ne veut qu'une occupation partielle, il lui faut coloniser cette partie. La colonie manquera son but, parce qu'elle envahira progressivement le pays par l'extermination des indigènes. Il faut donc, par une guerre immédiate plus prompte que meurtrière, soumettre les Arabes, et non les exterminer; car ils ne résistent pas au progrès. Non seulement il y aurait immoralité à entreprendre leur destruction, mais il y aurait acte impolitique; car il n'est pas certain que l'Européen puisse à présent faire fructifier ce pays. L'Arabe y produira toujours plus facilement et à meilleur compte.

NOTE V.

NOTE V.

De la religion musulmane sous le rapport de l'obstacle qu'elle nous oppose.

§ I.

Toutes les religions ont été un progrès pour l'époque où elles ont pris naissance, et eu égard aux mœurs des peuples pour lesquels elles ont été faites. Nous les voyons toutes, ou presque toutes, donner un grand développement de puissance et de civilisation aux nations qui les ont acceptées comme base de leur conduite politique.

La religion mahométane, aussi bien que toute autre, se présente comme source de progrès et d'amélioration dans la condition des hommes.

Peu étudiée et jugée parmi les nations chrétiennes du haut de la position qu'elles occupent dans l'ordre général ; appréciée d'après un examen superficiel des populations orientales actuelles, beaucoup de gens n'ont voulu y voir qu'un pas en arrière fait dans la voie ouverte par le christianisme, qu'une guerre éternelle déclarée par le prophète à la civilisation future. C'est là une bien grande erreur.

L'Arabie, nœud de trois grands continens, berceau de tant de religions, terre des idées mystiques et des imaginations ardentes, fut long-temps habitée par des populations livrées au culte de l'idolâtrie, c'est-à-dire à l'adoration de tout ce qui frappait énergiquement les esprits contemplatifs. L'époque de Moïse, ce grand effort de retour à l'unité de Dieu; nous les montre ainsi. Mahomet était né lui-même, non dans l'idolâtrie, mais au milieu de populations idolâtres. La destruction du judaïsme par les Romains avait bien poussé chez les populations arabes quelques-uns de ses débris; mais cette religion sans énigmes et sans pompe était venue se mêler, non les détruire, aux superstitions anciennes. Le christianisme lui-même, religion toute de mystère et de miracles, n'avait fait qu'égarer encore davantage la race arabe, toujours rejetée par ses tendances vers l'adoration des créatures et des images.

Mahomet, qui avait parcouru l'Égypte et la Syrie, qui connaissait les livres de Moïse, et qui avait étudié ceux de la loi nouvelle, à l'époque des plus vives controverses, et sous l'inspiration des sectes d'Orient qui niaient déjà la Trinité chrétienne, comprit que le christianisme, tel qu'on l'avait fait, n'allait point aux populations perdues déjà dans les erreurs de l'idolâtrie. Il voulut continuer Moïse et ramener les hommes à l'adoration d'un Dieu unique. Il leur présenta donc une religion sans mystères, simple dans ses dogmes, ne laissant à la sensualité orientale que ce qu'il ne pouvait espérer de lui reprendre ; réduisant tout à l'adoration de l'Être unique qui avait dès le principe tout prévu, tout ordonné pour l'avenir, et auquel il ne restait qu'à se soumettre; promettant aux hommes fidèles, et dans la vie future, toutes les jouissances de la vie matérielle qu'ils connaissaient.

La religion du prophète n'était donc pas alors un pas rétrograde ; c'était un nouvel élan donné à la civilisation orientale, le Nouveau Testament de ces peuples sur lesquels n'avait pu agir ou n'avait agi qu'imparfaitement la prédication de l'Évangile.

On a prétendu que cette religion était ennemie des lumières et des sciences progressives. Entre autres preuves, on a voulu citer le fameux incendie d'Alexandrie. Le Livre du prophète était, dit-on, le seul permis aux fidèles. Il y a ignorance ou mauvaise foi à le prétendre. Si le kalife fit incendier les livres d'Alexandrie, c'est que cette ville était depuis de longues années le foyer des discussions religieuses, le centre du culte, idolâtre selon lui, de la Trinité des chrétiens. En détruisant leurs livres, il ne voulait pas faire la guerre aux sciences, mais à l'erreur qu'il avait mission de combattre. Nous autres gens civilisés, ne brûlons-nous pas encore les livres d'hérésie? n'opposons-nous pas à la propagation des idées qui nous gênent ou nous blessent des entraves permanentes et les répressions de la loi?

Jamais il n'a été interdit aux Arabes par leurs kalifes de se livrer aux sciences, dans lesquelles, du reste, ils ont été presque toujours nos prédécesseurs; et pendant que l'étude des livres et la conservation des traditions de l'histoire de l'Occident étaient confinées dans le silence de nos cloîtres, les Arabes se livraient avec ardeur non seulement à la poésie, mais encore à l'étude de toutes les sciences, à la conservation et à la multiplication des manuscrits qui devaient transmettre l'histoire de leur époque.

Il serait également injuste d'accuser la religion de Mahomet d'être sanguinaire et cruelle. Abou-Beker, le premier des kalifes, au moment de lancer contre la Perse et la Syrie ses armées, auxquelles les livraient leurs dissensions intestines ou leur faiblesse, leur traçait la conduite qui devait assurer la victoire de ses armes et la soumission des peuples. Son discours ferait honneur au général moderne qui le prendrait pour modèle d'ordre du jour à son armée. En voici la substance ; il est devenu depuis article de la foi musulmane.

« Vous ne fuirez jamais, ni ne compterez
» vos ennemis. Vous n'abuserez point de votre
» victoire ; vous respecterez les vieillards, les
» femmes, les enfans et tous ceux qui imploreront votre miséricorde. Vous respecterez
» les arbres et les moissons, n'en usant que

» pour vos besoins. La mort à l'ennemi qui
» résiste, les chaînes pour l'orgueilleux ou le
» traître, la compassion pour le vaincu qui
» s'humilie. Vous traiterez avec franchise et
» bonne foi. Vous serez fidèles à vos pro-
» messes, etc., etc., etc. ».

C'est ce code militaire à la main que les kalifes ont subjugué la moitié du monde alors
connu. Leur histoire le prouve. Un coup
d'œil jeté sur leur marche vers l'Occident ne
laissera à cet égard aucun doute.

L'Égypte une fois soumise, la religion du
prophète, qui faisait de la conquête du monde
un moyen assuré de salut, devait pousser les
Arabes jusqu'aux confins de l'Afrique. Aussi à
peine la succession de Mahomet, disputée entre
ses apôtres, avait-elle été assurée dans les
mains d'un seul, que nous les voyons arriver
à Carthage et Constantine. La puissance grec-
que s'écroule en Afrique. Bientôt la Mauri-
tanie elle-même est soumise. Le littoral seul
reste pour un temps au pouvoir des derniers

conquérans de l'Espagne. Les Berbères aussi (aujourd'hui Kabayles) refusent de se soumettre ; mais ils contractent une alliance qu'accepte la politique des kalifes, et embrassent une religion qui ne leur est pas imposée. Maîtres alors du nord de l'Afrique, les Arabes abordent en Espagne, dont le rivage leur est livré par la trahison et la faiblesse de ses conquérans dégénérés.

Huit ans à peine s'écoulent, et le pays a livré aux sectateurs du prophète ses villes les plus importantes. Toulouse même les a vus sous ses murs.

Une marche si prompte est due sans doute à autre chose qu'à la seule force des armes. En effet, partout nous voyons les conquérans obéir à la règle qui leur a été donnée par le kalife. Partout ils apportent la tolérance et la justice. Respect aux propriétés de ceux qui se soumettent, liberté du culte dans l'enceinte sacrée des églises, inviolabilité du domicile, maintien des lois du pays appliquées par des juges indigènes : point de massacres inutiles, la politique plus que la guerre, et comme garantie de soumission la dîme et des otages.

Un pareil code devait séduire les peuples de l'Espagne, qui gémissaient alors sous le joug pesant des Goths, énervés eux-mêmes et livrés à l'absolutisme des évêques ; aussi la soumission fut-elle prompte.

« La condition des vaincus (nous dit un
» auteur espagnol moderne, qui ne doit pas
» être suspect) devint si douce, qu'au lieu de
» l'oppression qu'ils craignaient, ils se félici-
» tèrent d'appartenir à des maîtres qui leur
» laissaient le libre exercice de leur religion,
» la possession de leurs biens et la jouis-
» sance de leur liberté, n'exigeant d'eux
» qu'un tribut modique et la soumission aux
» lois générales établies dans l'intérêt com-
» mun. »

Nous retrouverons l'observation des mêmes principes de tolérance dans la marche conquérante des Turcs, qui adoptèrent les préceptes d'une religion à laquelle ils venaient de se soumettre.

C'est dans la marche des Arabes et dans l'époque florissante de leur histoire qu'il faut étudier le génie de l'islamisme, plutôt que dans la lutte qui les a ensuite dépossédés, et dans la guerre des croisades, époque où il s'agissait pour eux, non plus de s'étendre par la prédication de leurs dogmes, mais de résister à leur destruction par la guerre.

L'islamisme vainqueur fut toujours tolérant. A part l'époque bien courte de la première succession du prophète, nous n'y voyons point de guerre purement religieuse, malgré les nombreuses sectes qui l'ont divisé. Ce n'est point l'islamisme qui imposait le baptême aux peuples saxons presque détruits ; nous ne voyons pas en Orient les bûchers de l'Allemagne et de la France : ils n'ont jamais eu de sainte inquisition.

Il n'entre pas dans le sujet de cette Note de rechercher les causes de la décadence du mahométisme ; mais ce qu'il importe de reconnaître, c'est que si cette religion portait, comme toutes, en elle-même, le germe de sa décroissance future, ce n'est pas dans des préceptes d'intolérance ou de barbarie qui dussent isoler entièrement les Arabes des autres nations du monde, qu'il faut le chercher.

Il y aurait aussi une étude à faire de l'influence passagère de la chevalerie occidentale sur les Arabes, même pendant les guerres des croisades, où les deux grandes religions du monde cherchaient à se détruire. Si les chevaliers sarrasins ont voulu devoir leur titre aux plus renommés de leurs ennemis ; si, au milieu de cette guerre à mort, ils ont pu subir l'ascendant de cette institution, qui portait bien aussi en elle-même un germe civilisateur ; s'ils ont pu, à cause de cet ascendant, en venir à contracter des alliances avec leurs ennemis, alliances étroites quelquefois, il n'est point permis de soutenir que la religion musulmane est nécessairement stationnaire ou rétrograde ;

qu'elle est un obstacle insurmontable à tout rapprochement entre nous ; qu'elle s'oppose à ce que ses sectaires puissent subir l'influence de nos idées supérieures, l'ascendant de notre puissance.

Il y a cent ans à peine, si l'on eût ouvert aux yeux des Arabes le livre de l'histoire du catholicisme avec ses guerres, ses massacres, et les institutions, prodiges d'intolérance, qui devaient, croyait-on, servir de digue à l'hérésie, qu'auraient-ils pensé de cette histoire ? Auraient-ils cru les nations chrétiennes disposées à accepter le progrès, à se soumettre aux idées meilleures, que devait faire surgir le travail de l'esprit humain ? Et cependant ce progrès a été accepté ; ces idées ont eu, ont encore leur règne. Le catholicisme a dû s'y soumettre et laisser faire, et ce qui se passe de nos jours le prouve suffisamment.

Pourquoi n'en serait-il pas de même de la religion du prophète ? Faut-il le demander aux réformes des puissances d'Orient ? faut-il le demander aux provinces musulmanes gouvernées aujourd'hui par la Russie? faut-il le demander surtout à notre conquête d'Égypte, où notre passage a suffi pour déposer le principe fécond qui s'y développe depuis quarante ans?

Ce n'est pas, comme au temps passé, la lutte des deux principes religieux qui se continue, et dans laquelle nous aurions accepté un rôle actif par la conquête de la régence algérienne; c'est la science qui vient s'offrir aux ignorans; et les idées bienfaisantes qui dominent l'Occident sont assez puissantes pour subjuguer l'autre partie du monde. Elles se traduisent, en ce moment, aux yeux des Orientaux, par la puissance et la prospérité qui résultent de notre civilisation; c'est dans les mêmes moyens qu'ils veulent aller chercher des élémens nouveaux de prospérité et de puissance. Il y a aussi loin du fatalisme mahométan à l'établissement des lazarets d'Alexandrie, de Constantinople et à l'étude anatomique des hôpitaux du Caire, que de l'inquisition d'Espagne à la tolérance religieuse qui s'y fait jour en ce moment.

Nous le répétons ; ce n'est pas une lutte d'idées religieuses qui travaille aujourd'hui l'islamisme ; c'est la civilisation seule qui se présente à la race mahométane sous la forme des idées de force, de justice et de tolérance qui lui est propre.

Mais, dira-t-on, si les nations musulmanes peuvent, dans leur indépendance et de la volonté de leurs chefs, accepter les bienfaits de la civilisation de l'Occident, on n'en doit point conclure qu'elles les accepteraient imposés par la force de nos armes. Nous ne nous arrêterons pas à cette objection, déjà détruite d'ailleurs par l'histoire de notre expédition d'Égypte. Ce qu'il suffit de remarquer, c'est que ce n'est point par un libre mouvement de leur part que les états de l'Orient se rapprochent de nous maintenant ; c'est parce qu'ils y ont vu pour eux une question de vie et de mort. Nous n'avons pas dit que la religion du prophète poussât ses sectaires à la réforme actuelle ; nous avons dit seulement qu'elle y avait résisté moins peut-être que le catholicisme en Europe n'y résiste encore. Le reste n'est qu'une querelle de mots. Lorsqu'un progrès est nécessaire, il est accepté sous quelque forme qu'il se présente.

Le christianisme n'était pas vainqueur par la guerre lorsqu'il soumettait les hordes envahissantes du nord de l'Europe. L'islamisme ne l'était pas davantage quand il fut embrassé par les destructeurs de l'empire des kalifes. Qu'eût-ce été donc si ces religions se fussent présentées puissantes et victorieuses à ces peuples, qui avaient cependant bien aussi leurs croyances ?

Ainsi il n'y a rien à risquer à porter nous-mêmes chez les Arabes les réformes que le moment est venu pour eux d'accepter, si, comme nous l'avons déjà dit, nous ne voulons point leur imposer des croyances nouvelles. Les questions religieuses peuvent tout perdre ; mais celle de civilisation peut se traiter et se résoudre.

§ II.

Une nation ne perd jamais sans regret son indépendance. Quelque soin que l'on puisse mettre à lui présenter le joug, elle ne l'accepte que comme nécessaire, et jusqu'au jour où elle s'assimile, par l'effet du temps, au peuple vainqueur, la résistance est dans sa pensée. Ce qu'elle accepte, elle ne le permet pas, elle le supporte; mais avec d'autant moins de peine pour elle, de difficultés pour ses maîtres, que la loi qu'on lui impose blessera moins ses habitudes et ses idées. Nous ne pouvons espérer, sans doute, que l'Arabe trouvera bon qu'on le soumette; nous ne pouvons prétendre lui faire accueillir tout d'abord notre civilisation, qui arrive chez eux précédée de souvenirs se rattachant dans leur esprit aux guerres sanglantes de deux religions, plus différentes cependant par la forme que par l'objet de leur culte.

Mais si nous devons trouver là un sérieux obstacle, si nous avons pour but de modifier avec le temps leurs mœurs actuelles et leurs lois primitives, il serait dangereux aujourd'hui de l'entreprendre. Il nous importe surtout de ne rien faire qui blesse chez ce peuple, qui fut lui-même conquérant, ses idées de justice, ses théories anciennes sur l'usage du droit du plus fort. Ce qu'il a cru devoir faire pour soumettre les peuples, est ce qu'il y a de mieux à faire pour le soumettre à son tour.

Ce n'est pas parce qu'il aura été conquérant qu'il pourra consentir à être conquis par nous; mais s'il a cru que la justice et la tolérance étaient des moyens assurés de succès, c'est que la tolérance et la justice lui paraissent dues à tous les hommes; c'est qu'il a cru que la pratique de ces deux vertus lui donnait droit au respect et à la soumission des peuples.

L'étude de ce que firent les Arabes dans l'administration de leurs conquêtes fournira donc d'utiles renseignemens ; nous nous bornerons à en indiquer les traits généraux.

Si nous nous arrêtons à leur conquête d'Espagne, une chose surtout nous frappe ; c'est la similitude de leur position d'alors avec la nôtre aujourd'hui vis-à-vis d'eux.

Les premiers habitans de l'Espagne, soumis par les Romains, avaient eu, sous leur empire, leur période de civilisation et de puissance. Leur pays fut envahi par les barbares du Nord. Comme les Turcs venus de l'Orient, ces barbares embrassèrent la religion des peuples qu'ils venaient de soumettre ; mais, comme ceux-ci, ils firent peser sur ces derniers un joug tyrannique et sanguinaire. Les Espagnols n'étaient pas, au commencement du septième siècle, moins opprimés que les Arabes de la régence il n'y a que huit ans encore. Les Goths, dont la race était elle-même dégénérée et amollie par le luxe et la jouissance du pouvoir, n'étaient pas moins faciles à chasser que les Turcs ne le furent en 1830. Comme les Arabes en Espagne, nous avons trouvé des conquérans affaiblis; comme eux, nous les avons abattus sans peine; comme eux, nous nous sommes vus en présence d'une nation avilie, qu'éloignait de nous une religion administrée par des cadis, moins absolus peut-être que nos évêques d'alors. Il y a dans ces faits une grande analogie, une raison de plus pour étudier la conduite que tinrent autrefois nos prédécesseurs dan cette carrière.

L'histoire de la domination de l'Espagne par les Arabes a été écrite par les deux partis; et si la lecture des auteurs d'une seule des deux nations ne peut que donner des idées bien fausses sur la conduite des conquérans pendant huit siècles, il est cependant possible de s'en former une exacte, autant par l'examen des traditions qu'ont laissées les chrétiens et les Maures que par celui des résultats eux-mêmes, qui ne peuvent être contestés. Il y a un fait, c'est que huit années ont suffi aux Arabes pour occuper presque toute l'Espagne, et l'occuper presque paisiblement, quant aux populations qui s'étaient soumises à leur domination immédiate. Ce qui le prouve, c'est non seulement l'occupation de fait des villes les plus importantes, mais encore la possibilité où les émirs ont été de paraître en France, dès les premières années du huitième siècle, laissant derrière eux un immense territoire nouvellement occupé par leurs armées. Si une pareille rapidité a été permise à leur marche, c'est, ainsi que les auteurs modernes en conviennent eux-mêmes, parce qu'ils soumettaient les peuples plutôt par la politique que par la guerre; et, en effet, ceux d'entre leurs généraux qui ont laissé un grand nom, ceux qui étendirent ou consolidèrent la puissance arabe, se signalent par leur humanité et leur justice, plus que par leur génie militaire. Au moins c'est surtout ainsi que nous les présentent les auteurs arabes eux-mêmes, qui, sans doute, rapportaient comme un éloge ce qu'ils avaient appris à juger comme une vertu.

Ainsi que nous l'avons déjà dit plus haut, les émirs n'exigeaient des peuples chrétiens que le paiement d'un impôt. La dîme pour ceux qui se soumettaient sans combattre, le cinquième pour ceux qui ne cédaient qu'après une longue résistance, de fortes contributions pour les rebelles. On peut dire que c'est à cela que s'est bornée leur exigence pendant la période de conquête. Un de leurs traités porte expressément, après avoir fixé l'impôt qui était exigé d'une province soumise, *que tous les devoirs des chrétiens envers le vainqueur se réduisaient à son exact paiement.* Du reste, ils leur laissaient le libre exercice de leur religion, la jouissance de leurs codes, appliqués par eux-mêmes. La loi musulmane ne devait atteindre que les chrétiens volontairement convertis. Ils garantissaient le respect inviolable des propriétés, s'emparant seulement de celles que leur abandonnaient des maîtres préférant la fuite à la soumission. Ils furent si fermes dans l'observation de cette règle, que lorsque de nouvelles émigrations d'Afrique voulurent envahir le territoire des chrétiens déjà soumis, les émirs les refoulèrent par les armes.

C'est par la politique, nous l'avons déjà dit, que les émirs travaillaient à opérer la fusion des deux peuples. Ils favorisaient les mariages des leurs avec les filles chrétiennes, alliances que l'amour-propre blessé des écrivains espagnols a dû présenter comme des actes de violence. Les enfans mâles provenant de ces unions étaient élevés dans l'islamisme. Les émirs eux-mêmes cimentèrent leurs traités avec les princes chrétiens par de nombreux mariages. Ils apportaient le plus grand soin dans le choix des juges musulmans qui intervenaient dans les affaires mixtes, et, à certaines époques, ils parcouraient eux-mêmes les provinces, écoutant les plaintes, admettant indistinctement celles des musulmans, des chrétiens et des juifs; faisant à tous bonne et exacte justice, et punissant de la destitution et même de la mort les juges prévaricateurs ou les chefs avides.

Si des impôts trop forts ont été frappés, ils ordonnent la restitution; si les églises ont été soustraites à leur culte, ils les font rendre aux chrétiens qui les réclament; enfin ils ne voient plus en Espagne qu'un seul peuple, une même nation.

Quant aux encouragemens au travail, ils font exécuter eux-mêmes les entreprises d'utilité publique qui doivent favoriser la culture et faciliter le commerce ; ils appellent les gens de toutes nations qui peuvent développer les connaissances et encourager l'industrie qu'ils font renaître. Ils avaient fait de ce pays une admirable contrée ; ils avaient fait de ce peuple une nation laborieuse et éclairée; ce ne fut point l'islamisme qui plus tard détruisit leur ouvrage.

L'éloignement du pouvoir souverain, celui des kalifes, devait sans doute laisser une large voie ouverte aux ambitions rivales; aussi les vit-on naître et se combattre. Mais d'abord les kalifes appellent à leur tribunal les chefs de ces partis, et chacun n'y trouve, pour se justifier, de meilleur motif à donner que la haine provoquée parmi les peuples par l'ambition ou l'avidité de ses compétiteurs au pouvoir; et lorsque plus tard la puissance des kalifes se perdit en Espagne, nous voyons les principaux d'entre les Maures se réunir et chercher dans l'élection d'un chef suprême et unique une garantie de tranquillité pour eux et pour les chrétiens, sur qui frappait surtout la guerre des émirs. C'est de cette époque que date pour eux une nouvelle ère de sécurité. Aussi nous les voyons se rapprocher encore davantage de leurs maîtres, entrer dans leurs armées, où ils jouissaient des droits communs, former même la garde spéciale des émirs, qui trouvèrent en eux une défense contre les entreprises qui auraient pu venir de l'Orient. Et quand, plus tard, Charlemagne apparaît sur leurs frontières, non seulement ils ne se soulèvent point en sa faveur; mais nous voyons, au contraire, les chrétiens le combattre et le repousser dans ses états.

Telles sont les leçons qui nous ont été laissées par les Arabes conquérans. Une pareille politique devait réussir. Aussi assura-t-elle une domination de huit cents années, et si, plus tard, cette puissance dut reculer devant les armées chrétiennes, un des motifs de sa défaite, et nous le signalons ici à dessein, c'est que, satisfaits d'occuper les plus beaux pays de l'Espagne, les émirs, soit en voulant envahir la France, soit en se combattant entre eux, oublièrent les montagnes des Asturies, y laissèrent naître une puissance non soumise, qu'ils crurent d'abord méprisable, avec laquelle ils traitèrent ensuite; qui grandit cependant, favorisée par leurs dissensions ou leur oubli, et s'éleva enfin à cette hauteur de laquelle il lui fut permis de vaincre et de chasser les Arabes.

Ainsi, si nous ne considérons dans les obstacles que nous aurons à vaincre en Afrique que la puissance des idées religieuses, nous reconnaissons que cette religion, qu'on présente comme une barrière insurmontable, n'est ni aussi intolérante ni aussi absolue qu'on se plaît à le croire, et que les chefs ennemis auront intérêt à la faire pour nous résister. Nous aurons donc beaucoup fait nous-mêmes si nous nous présentons à elle tolérans et disposés à l'union.

Malheureusement ce n'est pas ainsi que jusqu'à ces dernières années s'est offerte à eux la religion chrétienne. Sans parler des guerres des croisades, qui ne sont connues que du plus petit nombre des Arabes de la régence, il y aurait un étrange contraste à établir entre le tableau que nous venons de présenter, qui nous a montré les Maures si justes et si grands, et l'histoire de leur expulsion d'Espagne.

Vaincus par le prince chrétien, mais faux et cruel, qui décida par la conquête de Grenade la chute de la puissance des Arabes en Espagne, ceux-ci acceptèrent d'abord, en grand nombre, les capitulations trompeuses qui leur furent accordées. Ils crurent pouvoir vivre paisibles, quoique soumis, sur cette terre qui était devenue leur véritable patrie ; ils furent bientôt cruellement détrompés. Leur religion, d'abord soufferte, fut bientôt reléguée dans le sanctuaire du domicile ; d'énormes impôts leur achetèrent seuls un reste de tolérance. Bientôt leurs enfans furent forcés à recevoir une autre religion que celle de leurs pères ; la langue arabe fut proscrite, le culte chrétien imposé ; leurs mœurs les plus intimes furent attaquées : le costume d'Orient fut défendu, le voile des femmes fut arraché, comme signes hérétiques. Les malheureux voulurent, abandonnant les villes, aller chercher dans les montagnes un asile contre la cruauté des maîtres. Ils y furent poursuivis, traqués par leurs oppresseurs ; il leur fallut enfin renoncer à une terre qu'ils croyaient à eux, et aller demander à l'Afrique un refuge contre l'avidité, l'intolérance de ces mêmes peuples qu'ils avaient plus généreusement traités autrefois.

Ce sont là les souvenirs que le catholicisme leur a laissés ; ils en ont du reste un plus récent dans l'occupation d'Afrique par les mêmes Espagnols, occupation qui durait encore il y a cinquante ans. Un seul mot suffira pour le faire comprendre. L'Espagne ne possédait dans la régence que la ville d'Oran, et dans cette ville la sainte inquisition avait établi son tribunal. Il y avait souvent guerre avec les Arabes. Eh bien ! tout Arabe prisonnier était jugé comme hérétique !

A l'époque du premier traité conclu avec l'émir, nous avons vu un des chefs du pays se déclarer, devant nous, ennemi de cette paix qui allait se faire. Il avait pour le nom chrétien une haine bien légitime. Son père, pris par les Espagnols, avait été, nous dit-il, brûlé comme infidèle. La paix fut faite. A cause de cette inimitié même, l'émir crut pouvoir laisser cet Arabe parmi nous. Il fut chargé, à Arzew, de suivre les intérêts du commerce de monopole que faisait son maître. Un an de séjour avec les chrétiens de France suffit pour changer ses idées. Il était devenu partisan déclaré de cette paix qu'il avait combattue d'abord. Ce fut avec regret qu'il nous quitta pour reprendre ses armes. Le premier combat lui coûta la vie. Il se nommait Kalifa; c'était un chef important.

On voit quels souvenirs nos prédécesseurs ont laissés dans la mémoire des Arabes. On ne s'étonnera plus sans doute de leur éloignement ou de leur haine; mais on voit aussi cependant qu'il est possible d'en effacer les traces, quelque profondes qu'elles puissent être. Nous l'avons déjà dit, les questions religieuses pourraient tout perdre; elles seront sans danger si on sait les écarter. Que chacun exerce son culte et obéisse à sa conscience, peu nous importe dans quelle enceinte prieront les hommes ; peu nous importe au nom de qui ils voudront prier ; l'important, c'est que la prière ne soit pas pour eux un appel à la vengeance ou l'expression nécessaire de la haine et du mépris.

§ III.

Les luttes religieuses ne sont pas de nos jours; aussi, en appelant l'attention sur la conduite des Maures en Espagne, nous avons eu pour but, moins de blâmer notre politique depuis huit ans, que de faire entrevoir ce qu'on pourrait espérer de la règle prudente que nous avons adoptée sous ce rapport, si nos efforts voulaient prendre plus de portée. Jusqu'à ce jour nous avons été sinon toujours justes et bien esclaves du droit de propriété, au moins toujours tolérans. Toutefois, l'institution nouvelle de l'évêché d'Alger, la création d'une société *chrétienne* de civilisation proclamée récemment à Marseille, et suivant de si près la première, doit fixer l'attention de ceux qui s'intéressent à l'avenir de la régence.

Nous ne nous élevons pas précisément contre l'érection du nouveau diocèse, s'il est confié à des mains prudentes. Nous ne blâmerons pas autrement cette satisfaction donnée à la population catholique de la régence, toute faible qu'elle puisse être. Nous aurions préféré cependant qu'on organisât les affaires religieuses de la régence comme celles des autres colonies françaises. Il y aurait eu alors cet équilibre vital, pour nous, qui résulterait de l'influence réelle du prélat français et des cadis nommés par nous, et conséquemment amovibles. Quoi qu'il en soit, nous aurions été peu préoccupés de cette mesure, si elle eût été isolée ; si surtout, comme il faut le désirer vivement, le nouvel évêque apporte dans son diocèse les sentimens de tolérance qu'il nous importe de faire prévaloir et de maintenir au besoin ; s'il est permis d'espérer enfin que, laissant à l'autorité temporelle le soin absolu de notre avenir politique en ce pays, il se renferme strictement dans la pratique de ceux que réclame de lui la population déjà soumise à son inspection spirituelle. Le prospectus de la *Société Chrétienne* est venu troubler notre sécurité à cet égard

Cette société, qui marche précédée de la croix, veut propager la civilisation par l'exemple des pratiques religieuses. Des prêtres la dirigent. C'est aux évêques français qu'appartient partout sa présidence morale, par conséquent l'influence réelle sur son développement. Les noms qui s'attachent à cette entreprise ne sont pas, à vrai dire, pour nous une garantie bien grande de succès matériel, et si nous en parlons, ce n'est pas que nous croyions la mission de propagande bien sérieusement engagée ; mais dans cette tentative même, toute faible qu'elle puisse être, nous voyons poindre des projets éloignés peut-être, mais suffisamment annoncés.

Inamovible par sa nature, indépendante par

nos institutions, l'autorité de l'évêque échappera sans difficulté à celle du véritable chef en Afrique, celle du gouverneur. Et cependant, si c'est de la propagande que l'on veut faire, les points de contact seront nombreux; car c'est au gouverneur, n'en doutons pas, que viendra s'adresser la foi inquiète des Arabes. Ce sera là une source inévitable de conflits. Le bien que pourra faire l'influence politique dont nous avons tracé la règle sur l'esprit des Arabes sera combattu, détruit par l'influence religieuse dont nous indiquons les tendances. Que sera-ce, si la première est obligée de subir les suites de l'indépendance de la seconde?

On le voit; il serait important que l'autorité spirituelle fût soumise à l'autorité politique, chargée d'en prévenir les fautes ou d'en réprimer les écarts. Or il n'en est rien, et non seulement elle est indépendante, mais ses projets, s'ils réussissent, sont de nature à lui donner une influence qui ne servirait que trop bien ses vues. En effet, au moment où l'on place l'avenir de l'Afrique dans un essai de colonisation, une entreprise qui aurait pour but de soumettre les colons à l'administration matérielle d'une société qui appelle à sa tête l'autorité religieuse, qui proclame hautement son vœu de propagande, cette entreprise, si elle prenait un développement quelconque, donnerait à cette autorité une action réelle sur les affaires du pays. Elle lui donnerait cette influence que nous regardons comme appelée à combattre, à paralyser peut-être l'influence naturelle et nécessaire de l'autorité politique, et c'est à ce titre que nous la signalons à l'attention du lecteur.

CONCLUSION DE CETTE NOTE.

On n'a examiné dans cette Note l'obstacle que nous opposent les croyances religieuses chez les Arabes qu'en ce qui concerne le génie même de leur religion en général; on n'a point tenu compte de ce que sont devenues ces croyances chez les individus. Ce sera le but d'une autre Note.

En se bornant toutefois à l'examen de la question sous cette face, on est amené à conclure que la religion musulmane n'est point un obstacle insurmontable à la civilisation européenne et à l'établissement de notre domination en Afrique; que si cette religion ne conduit pas au progrès tel que nous l'entendons aujourd'hui, elle ne s'y refuse pas cependant d'une manière absolue, à la condition cependant de ne pas l'émouvoir par des entreprises maladroites, faites pour l'inquiéter dans son existence même.

NOTE VI.

NOTE VI.

De la guerre en Afrique.

§ I.

Nous avons dit ailleurs que la guerre en Afrique ne pouvait être pour les chefs arabes qu'une guerre religieuse, et qu'ils feraient tout pour la rendre telle. Nous avons dit aussi que la question religieuse, si elle s'engageait, tuerait notre avenir. C'était dire déjà que nous n'étions pas partisans de cette guerre comme procédé de conquête. Cela suffit pour faire comprendre aussi que le système adopté par les Turcs dans l'Algérie ne pourrait nous réussir.

Les Turcs étaient, comme nous le sommes aujourd'hui, établis dans les grandes villes ; ils n'occupaient que bien faiblement quelques villes secondaires, et dans la plupart ils n'avaient qu'un fonctionnaire isolé. L'impôt se payait dans les villes mêmes. Lorsqu'il n'arrivait pas, on allait le lever par la force, et d'horribles massacres étaient le résultat ordinaire de ces expéditions. Si donc la guerre avait été pour eux le moyen de conquête, la guerre était aussi leur moyen permanent et avoué de gouvernement.

Nous avons déjà parlé de la dissidence religieuse qui éloignait d'eux les Arabes, et qui, à elle seule, a suffi pour s'opposer à une domination paisible de leur part. Entre nous et les Arabes il y a, non dissidence, mais haine de religion ; la politique qui réussissait si imparfaitement aux Turcs n'aurait donc pour nous aucune chance favorable ; et le système qui consisterait à nous borner à l'occupation militaire actuelle, secondée par des expéditions plus ou moins importantes, pour amener les Arabes à la soumission par la crainte de leur retour périodique, serait condamné à l'impuissance. Nous ne pourrions lui donner quelque efficacité que si, adoptant la politique des Turcs, nous compensions le plus grand désavantage de notre position vis-à-vis les Arabes par une plus grande cruauté. Ce serait un pas rétrograde dans la civilisation européenne que nous ne supposons pas que la France veuille se décider à faire. Ainsi, pour elle, nous le répétons, occuper quelques points du centre, desquels rayonneraient ses colonnes mobiles, pour châtier ou intimider les Arabes, c'est se soumettre à la nécessité de grands sacrifices, toujours croissans même, ainsi qu'il est arrivé depuis huit ans, pour ne pas faire un pas en avant ; pour se convaincre seulement du vice du procédé et pour trouver la difficulté grandie le jour où il faudrait en essayer un autre.

Et si nous condamnons ici le système des expéditions comme moyen de conquête, nous ne voulons pas que l'on en induise que nous blâmons à cet égard les généraux qui s'y sont, jusqu'à cette époque, plus ou moins abandonnés. Il est facile de se poser comme auteur d'idées nouvelles, lorsque l'on n'a au fond d'autre mérite que celui de profiter du passé des autres; mais il est impossible de refuser aux généraux qui, jusqu'à ce jour, ont commandé en Afrique, la simple faculté d'examen, qui devait suffire pour reconnaître l'impuissance des expéditions isolées. Aussi, tous ont, directement ou indirectement, coopéré à l'accroissement annuel de l'armée qu'ils avaient sous leurs ordres, accroissement qui devait conduire à un effectif tel qu'il est aujourd'hui, imposant et capable d'agir avec suite. Si les chefs n'ont pas fait plus, c'est qu'on n'a pas voulu qu'ils pussent faire davantage ; et nous sommes disposés plutôt à voter un tribut d'éloges à ceux qui ont dès les premiers jours compris la question d'Afrique, et qui, convaincus qu'on ne voulait pas les aider avec persévérance, n'ont point reculé devant leur tâche, et ont laissé aux événemens eux-mêmes le soin de faire ressortir les nécessités. Au premier rang nous placerons M. le général Trézel, auquel on doit la rupture hardie du traité de 1834 ; M. le maréchal Clauzel surtout, qui, entre autres titres, a celui d'avoir rendu nécessaire l'occupation de Constantine et de Stora ; celle de cette province, où l'on nous annonce que l'on peut aujourd'hui diviser un territoire, nommer des chefs et percevoir un impôt.

Il est loin de notre pensée de supposer que l'un et l'autre eussent prévu l'issue de leurs premiers efforts, et qu'ils eussent froidement compté sur un échec ; mais ce que nous pensons, et ce qui est un honneur pour eux, c'est qu'ils connaissaient la hardiesse de leur entreprise, et qu'une puissante conviction les poussait tous deux, l'un à la guerre, l'autre vers une conquête nouvelle. Il est des circonstances graves où il est permis de servir son pays malgré lui-même, et ce serait au moins là, si l'on voulait le reconnaître seul, le mérite qu'aurait eu la conduite de ces deux chefs.

Ainsi, si nous condamnons le système de guerre suivi pendant plusieurs années, que le blâme remonte à ceux qui en ont fait un pis-aller nécessaire; et pour être justes, nous pensons que c'est véritablement au sein des chambres que jusqu'à ce jour a existé le véritable élément de résistance. Il leur eût été possible peut-être d'amener à l'abandon du pays; mais si elles n'osaient se charger de la responsabilité d'une pareille résolution, il ne leur était pas donné d'arrêter dans sa marche et dans ses conséquences l'œuvre qu'elles ne voulaient ni repousser, ni cependant admettre. Aussi, malgré leur froideur pour la régence, notre établissement y a pris chaque jour plus d'extension. On veut encore se réduire et se poser des bornes ; mais la route est ouverte, la force des événemens nous y pousse à défaut d'une volonté réfléchie de notre part, et l'on rirait presque, si ce n'était une chose sérieuse, de voir chaque année, et presque chaque mois, une occupation nouvelle venir répondre à ces tentatives de repos ou de recul.

Quoi qu'il en soit, ce n'est pas par des apparitions périodiques au milieu des Arabes qu'on peut espérer de les réduire. Ces épisodes de guerre sont bons tout au plus, si rien ne leur succède, à entretenir leur haine et à aiguiser leur appétit guerrier. Ce serait nous présenter à eux comme les vrais continuateurs de leurs précédens maîtres, avec un peu moins de résolution et de force pourtant. La guerre permanente serait un acte d'un autre siècle; et puisque la guerre est nécessaire, elle doit perdre le caractère répressif qui la rendait éternelle. C'est, s'il est permis de s'exprimer en ces termes, une guerre préventive qu'il faut faire aux Arabes, et en usant de nos armes, nous ne devons avoir pour but que de prévenir par un déploiement de forces imposant, continu et parlant aux esprits par ses résultats immédiats et visibles, cette guerre de détail, qui ne produit que des massacres et qui ne leur promet que des malheurs.]

Et en effet, il importe de bien apprécier quelle est la condition que la guerre a faite aux Arabes jusqu'à ce jour.

[L'Arabe tient à son sol plus qu'on ne pense. Sa propriété y est mieux assise qu'on ne le dit, et à cet égard nous avons encore beaucoup à apprendre. L'Arabe qui touche au désert est nomade, parce qu'il lui faut faire paître les troupeaux, sa seule richesse; mais c'est là l'exception, et si dans chaque tribu il existe, comme dans nos communes, des terrains de vaine pâture, augmentés, il est vrai, par la faiblesse de la population, le plus grand nombre possède d'une manière déterminée la terre qu'il occupe.

— Les tentes ne se plient pas aussi souvent que l'on pourrait le croire, et les Douairs, astreints au voisinage des sources et des rivières, ne se déplacent que pour satisfaire à la condition de l'engrais successif des biens de chaque famille. Si l'on avait quelques doutes à cet égard, il faudrait consulter la rédaction des titres de propriété, rechercher sur les lieux mêmes ces arbres respectés, ces bornes anciennes, qui, à défaut de limites naturelles, servent de témoignage et de preuves.

— On aurait donc tort de croire que, peu nombreux sur un sol immense, les Arabes, indifférens à nos ravages, sauront toujours dans leurs émigrations trouver un dédommagement, par l'occupation nouvelle d'une terre sans possesseurs. Nos courses atteignent toujours la propriété directe, et quand nous sortons, les Arabes ont à choisir entre l'abandon momentané de leurs communes ou la soumission momentanée aussi, qui préservera leurs moissons; car leur chef ne fera rien pour eux. Il sait bien qu'il ne peut les défendre; qu'il peut nous échapper, mais non pas nous atteindre, et c'est là presque toute sa tactique.]

Placé dans cette alternative, l'Arabe voudra-t-il se soustraire à notre présence? tout est perdu pour lui; voudra-t-il nous atteindre et nous fléchir? c'est alors à son maître qu'il devra en répondre; car que l'on ne croie pas que, réduit à abandonner ceux qui lui obéissent, l'émir leur tiendra compte de sa faiblesse. S'ils pouvaient croire à sa durée, les Arabes préféreraient bientôt à une autorité qui les livre celle qui se montre à eux redoutable et capable de leur nuire. Mais Abd-el-Kader viendra après nous châtier les Arabes qui n'auront pas fui à notre approche. Il livrera à d'autres plus obéissans leurs moissons, leurs troupeaux. Pour lui, il punira les chefs par les fers ou par la mort.

Telle est la condition des Arabes. Placés

entre deux ennemis qui se les disputent, ils n'attendent de tous deux que la ruine et la misère. Ils ne savent à qui demander cette protection qu'on leur promet ou qu'on leur offre; leur haine se reporte sur ceux qu'ils regardent comme les premiers auteurs de tous leurs maux.

C'est là un des plus grands vices de notre guerre d'Afrique. Non seulement elle n'a eu jusqu'à ce jour ni cet ensemble qui pourrait imposer aux Arabes, ni cette suite qui pourrait les faire croire à des projets étendus; mais si quelques-uns d'entre eux ont voulu chercher dans la confiance à nos paroles un moyen de salut, un gage de sécurité, ils en ont été après bien terriblement punis par l'abandon où les a laissés notre retraite. Nous n'en citerons pour preuve que ce qu'ont eu à souffrir de l'émir les tribus qui ont accueilli nos troupes vers le Chélif, après l'expédition de Mascara; ce que souffrent encore les Koulouglis, qui nous ont appelés dans les villes, livrées ensuite par nous-mêmes aux Arabes, et que l'émir impitoyable persécute ou détruit en détail, dans ses aventureuses entreprises.

Ce ne sera donc pas assez que la guerre soit active et imposante, pour ôter aux Arabes le désir de la résistance. Il faudra que chaque pas fait par nous soit définitif. N'allons chez eux que si nous sommes assez forts pour les soumettre; n'y allons surtout que si nous sommes décidés à y rester, sûrs de pouvoir leur fournir la protection qu'ils implorent, la protection sans laquelle notre présence est pour eux un arrêt de ruine.

§ II.

La vigueur et la persévérance ne sont pas les seules qualités nécessaires à la guerre d'Afrique. Il faut, en outre, qu'elle soit prompte, et il faut surtout qu'elle se donne un théâtre étendu.

Jusqu'à présent, nous ne nous sommes développés qu'en partant d'un centre dont il fallait disséminer les efforts. C'est là une des causes de l'accroissement nécessaire et continu de notre armée ; c'est pour cela que nous avons été militairement moins forts, à mesure que nous nous sommes éloignés des points de départ. Cette marche lente et graduelle a l'inconvénient de n'occuper à la fois que de médiocres surfaces. L'Arabe peut toujours ainsi aller remplacer ailleurs la terre sur laquelle nous venons nous établir. L'émigration en détail est possible ; l'émigration en masse ne le serait pas, au moins pour long-temps. On ne fait ainsi que la guerre à quelques Douairs, et ils sont nécessairement attirés, absorbés par la grande résistance générale des tribus. Les fractions sur lesquelles nous essayons d'agir, ne pourraient pour nous que peu de chose ; elles doivent être d'ailleurs nécessairement effrayées de l'isolement où nous voulons les mettre ; un sentiment naturel les pousse vers leur centre de résistance.

A part les défaites, à part l'inconvénient d'une position enveloppée, ce mode d'agrandissement a celui de concentrer les populations en les refoulant ; de les amener à se prêter un secours mutuel, à se façonner à cet ensemble que nous créons tout en voulant le détruire.

Il faut séparer les tribus, et non pas les réunir ; il faut les envelopper plutôt que se laisser toujours entourer par elles. Au lieu d'attirer sur notre circonférence la résistance des tribus de l'intérieur, tranquilles sur leurs possessions, il faut retenir chacun chez lui par l'intérêt de sa défense ou de sa conservation.

Aussi n'est-ce pas de cette manière que nous voudrions marcher à la conquête de la régence. A ces accroissemens inaperçus de territoires délaissés au moment de notre apparition, nous substituerions l'occupation immédiate, non d'une grande surface, mais d'une grande ligne tracée dans l'intérieur et venant s'appuyer par ses extrémités sur Alger et Oran, séparant ainsi de la masse entière une portion notable du pays, la plus belle peut-être, et une importante population.

L'établissement d'une semblable ligne nous donnerait un ascendant immense sur les Arabes; nous ne serions plus pour eux des voleurs sortant de leurs repaires pour aller furtivement les dépouiller et se retirer ensuite; nous serions de nouveaux maîtres, qui s'annoncent comme tels, qui veulent et peuvent punir la résistance et protéger la soumission. Placés ainsi derrière eux, les prenant à revers, ils n'auraient plus à compter sur l'appui de leur chef actuel, ou à craindre ses cruelles représailles.

Si Stora a été occupée sans opposition, c'est qu'on y est venu de l'intérieur ; qu'on avait sur les Kabaïles ascendant de position militaire, ascendant de position morale. Si l'on y fût arrivé par mer, on y aurait retrouvé sans doute la sanglante résistance de Bougie.

La route établie ainsi et fortement occupée depuis Alger jusqu'à Oran ne serait pas une frontière paisible, nous l'avons dit ailleurs ; ce serait le front sur lequel nous aurions à résister aux Arabes du dehors. Quant à ceux de l'intérieur d'une pareille ligne, nous éviterions soigneusement toute hostilité *chez eux*, fallût-il même renoncer à y paraître d'abord. Dans une pareille entreprise, tout devrait être subordonné à la nécessité de leur faire comprendre nos projets. Il faut parler à leurs yeux, les forcer à ressentir les bienfaits d'une protection qu'ils n'accepteront de nous que lorsqu'ils en connaîtront la valeur. Si nous leur procurons sécurité, ils travailleront leurs terres ; leurs terres travaillées produiront, et il faudra bien qu'ils en vendent les fruits. Ils approvisionneront alors nos points d'occupation, puisque nous sommes maîtres aussi de la mer. Ils rendront donc bientôt faciles ces occupations d'abord coûteuses.

Nous pensons bien que l'on attaquera ce système, qui, comme on le fera voir plus bas, ne coûterait pas plus de sacrifices que le système actuel, en niant la possibilité de l'approvisionnement des villes et des ports occupés ; mais, outre qu'il n'y aurait rien de bien nouveau en fait de guerre à assurer des vivres aux garnisons peu nombreuses chargées de la garde de notre frontière, nous prétendons que les garnisons seraient approvisionnées par les Arabes eux-mêmes.

Alger a de tout temps été fréquenté par les Arabes de l'est, étrangers à la guerre. Si Tlemcen a été privé de marché, c'est que cette occupation n'a jamais été ni soutenue ni couverte; qu'elle ne s'est jamais rattachée à rien de positif, rien qui parlât aux yeux des Arabes; et encore, lorsque d'importantes diversions ont obligé l'émir à concentrer ses forces, Tlemcen débloquée a vu accourir les vendeurs. Constantine, vigoureusement occupée par une garnison qui a de suite annoncé sa force et ses projets, a été également approvisionnée par les indigènes. Il en sera de même de notre ligne, si l'on s'y conduit aussi avec prudence et fermeté, avec promptitude surtout : car c'est là une des conditions du succès. L'émir a pu bloquer une ou deux villes; il ne pourrait bloquer une frontière qu'il ne pourrait traverser en force, sans danger pour lui, et à laquelle d'ailleurs les ressources de l'intérieur suffiraient.

Les premiers momens seuls pourraient offrir des difficultés tenant à l'hésitation des Arabes, bien motivée par notre conduite précédente ; mais une marche décidée et prompte les ferait disparaître. Quelques mois seraient beaucoup, et jusqu'à ce jour les villes mêmes ont toujours pu fournir à nos premiers besoins.

Au reste, nous ne voulons pas dire qu'il n'y ait pas là de difficulté à vaincre. Si les conquêtes étaient si faciles, tout le monde en voudrait faire. N'entreprendre que ce qui va de soi, est le propre de ceux qui n'arrivent à rien. Ce qu'il faut, c'est se rendre un compte exact des chances et des résultats probables de chaque procédé susceptible d'application, en choisir un, et s'y livrer ensuite avec suite et persévérance. Mais le meilleur sera celui qui nous présentera aux Arabes avec toute notre force et notre puissance. Partout où nous avons été forts, nous avons été respectés, accueillis par les Arabes. Si Constantine eût ouvert ses portes sans combattre, nous aurions peut-être trouvé la guerre au dehors. Achmet a eu tort de défendre ainsi sa capitale ; l'émir est plus habile. Quand nous voulons une ville, il nous la livre vide et va au dehors organiser une résistance que rien encore n'a déconsidérée. En ne défendant pas ses villes, il fait croire à la nullité de leur valeur pour lui, de leur utilité pour nous.

C'est avec une entière conviction que nous donnons succinctement notre opinion sur le plan à adopter pour la guerre d'Afrique. Nous l'avons déjà dit, la guerre ne doit pas être notre but; elle ne peut être que l'appui d'une politique pacifique et protectrice du travail. Pas de guerre aux populations sur lesquelles nous voulons agir, et pour cela il faut tout d'abord les laisser derrière nous, porter la guerre, puisqu'elle est nécessaire, au-delà du pays qu'elles occupent, et mettre ainsi leur tranquillité hors de cause, si elles la veulent.

Nous disons si elles la veulent, et c'est ici le lieu d'examiner la conduite probable des Arabes du dedans. Quitteront-ils leur pays, ou continueront-ils à l'occuper ? Rien n'a encore été fait sur une aussi grande échelle ; il n'est donc permis à personne d'affirmer que les Arabes se résigneraient, sans nécessité, à l'abandon de leurs plus riches contrées ; et si l'on veut s'en rapporter à ce qui s'est passé jusqu'à ce jour, on verra qu'il ne faut pas le craindre.

Quand on occupa Constantine, les Arabes s'éloignèrent d'abord ; mais ils revinrent lorsqu'ils purent compter sur la tranquillité, et que nous leur montrâmes la volonté de les protéger contre leurs anciens maîtres. L'occupation de Tlemcen n'entraîna pas non plus l'émigration lointaine des tribus du voisinage. On dira sans doute qu'elles n'avaient rien à craindre de sa faible garnison, soit : mais il n'est pas moins permis d'en conclure que l'Arabe n'éprouve pas pour notre présence une horreur indépendante des craintes qu'elle peut leur inspirer. Ainsi rien ne fait croire à une émigration générale, surtout aussi immense et aussi cruelle pour ceux qui s'y décideraient.

Il est certain, au contraire, que si tout au plus les portions les plus voisines s'éloignaient d'abord, ce serait pour revenir ensuite lorsqu'elles auraient confiance dans nos vues pacifiques, et surtout, nous ne saurions trop le répéter, dans l'efficacité de notre protection. L'Arabe du territoire dont nous demandons l'occupation tient à ce territoire par sa beauté, sa richesse, l'abondance de ses eaux. Il y a des villes et de nombreux hameaux. Ce n'est pas l'Arabe nomade du désert, c'est l'Arabe cultivateur et commerçant, quand on lui permet de l'être, ou que l'on sait l'encourager à le devenir.

Sans doute, on blâmera le projet d'une route de quatre-vingts lieues environ, occupée ainsi en présence de populations ennemies; mais que l'on remarque bien que dès à présent nous n'avons pas moins de soixante lieues de frontière dans les deux provinces de l'ouest pour un assez médiocre territoire que nous nous sommes chargés de défendre, et qu'il faudra défendre effectivement, si l'on entreprend de le coloniser. Le terrain que nous occupons aujourd'hui n'est qu'un désert; il nous faut le peupler avec des hommes qui seront les ennemis nécessaires de leurs voisins; celui que nous voudrions embrasser l'est, au contraire, par des Arabes, et c'est là pour nous un immense avantage.

En effet, que l'on ne s'effraie pas de la position resserrée de notre ligne d'occupation, si elle doit nous placer d'abord entre deux ennemis; car en Afrique nous ne combattons pas autrement. C'est environné d'Arabes que l'on fait la guerre, et, sûrs que nous sommes de surmonter toute résistance, il n'y a pour nous aucun danger nouveau à les traverser par nos lignes d'opérations. Une position pareille d'ailleurs n'aurait pas une longue durée; l'important seulement, c'est que ces lignes soient solidement occupées. Bien loin qu'il y eût inconvénient, il y aurait, au contraire, avantage à avoir dans nos lignes une population indigène ; si elle voulait d'abord nous opposer une résistance combinée avec celle du dehors, elle renoncerait bientôt à une guerre que nous saurions rendre sans but pour ses intérêts ; que nous pourrions au besoin lui rendre bien funeste par notre position enveloppante, et c'est alors que l'avantage de sa présence se ferait sentir pour nous.

Jusqu'à ce jour nos ressources ont dû venir de l'intérieur, et ont par conséquent été à la disposition de l'ennemi ; placés au-delà d'un pays qui peut produire pour tous nos besoins, nous serions soulagés d'un grand embarras. Il est démontré à tout homme de bonne foi que les Arabes arrivent sur nos marchés toutes les fois qu'ils peuvent y venir sans avoir à redouter la colère de l'émir ; or ce dernier ne pourra pas nous bloquer sur un aussi grand développement ; sa seule ressource sera, non d'aller se placer sur le territoire des tribus qui approvisionneront nos troupes (il ne voudrait pas nous fournir cette seule chance peut-être de le détruire d'un seul coup), mais tout au plus de lancer sur celles qui se prêteraient à nos vues, quelques partis qui oseront traverser notre ligne. Et alors croit-on que, fortes de notre appui, les tribus attaquées ne deviendront pas pour nous d'utiles auxiliaires? Il faudrait qu'il se décidât à nous laisser agir sur elles, ou qu'il les poussât à le combattre lui-même. Les rôles alors seraient changés entre nous ; les Arabes verraient bientôt leur véritable ennemi dans celui qui se pose aujourd'hui comme leur défenseur.

Nous ne prétendons pas qu'il ne pourra, rarement cependant, parvenir à leur faire du mal. C'est alors que nous irons au dehors chercher chez les Arabes eux-mêmes une compensation à donner à ceux du dedans. Nos expéditions n'auront pas d'autre but que de prendre chez ceux qui voudront être nos ennemis, la juste indemnité à fournir à nos alliés.

Une pareille guerre ne saurait durer longtemps, si l'on met quelque persévérance à en observer le principe. L'ennemi renoncera à des entreprises dont nous pourrons toujours, de nos nombreuses positions, le contraindre à faire les frais définitifs, et s'il continue la guerre, il ne la fera plus qu'à nous. Notre ligne d'occupation sera donc devenue, sinon pour nous, au moins pour nos alliés, une frontière véritable, et les conséquences de notre politique ne tarderont pas à se développer. Si les Arabes échappent à l'autorité sévère et pesante de l'émir, il se trouvera parmi eux, qu'on n'en doute pas, des hommes comme Mustapha, El-Mazari, Ben-Aïssa lui-même, et tant d'autres, qui, soit pour eux, soit pour nous, se feront nos alliés d'abord et bientôt nos agens.

Telle est l'idée que nous avons pu nous former d'une guerre d'Afrique utile et honorable. Ce ne serait plus, comme on l'a trop dit à titre de blâme, une guerre de pillage et de massacres; ce serait une guerre de justice et de réparation. Nous serions les grands arbitres de la régence, et notre politique, utile aux Arabes de notre territoire, agirait puissamment aussi, par sa nature et la comparaison qu'ils seraient amenés à faire, sur les tribus du dehors. L'ensemble de nos lignes serait, s'il est permis de s'exprimer ainsi, la première maille du réseau dominateur dont il nous importe de couvrir la régence entière.

Nous ignorons quel crédit cette opinion pourra obtenir chez les autres; mais, pour ceux qui ne connaissent pas le pays, elle nous semble devoir mériter au moins un examen. Quant à ceux qui le connaissent, nous demandons aux uns de se défaire de cette disposition sceptique, qui trouve plus commode de tout nier que de rien entreprendre; aux autres de s'isoler des faits actuels, de dépouiller cette juste impatience que leur donne le rôle étroit qu'ils sont condamnés à jouer en Afrique, assistant l'arme au bras aux fanfaronnades de notre allié prétendu; de voir dans les Arabes, non des ennemis qu'il faut abattre, mais des hommes qu'il faut convaincre; d'oublier le passé qui les pousserait aux représailles, pour ne penser qu'à un avenir digne de la France, digne aussi d'occuper la vie d'un soldat.

§ III.

Nous avons exposé une idée; il faut à présent faire reconnaître la possibilité de son application par des moyens en rapport avec ce que l'on doit se borner à demander à la France. Nous n'entrerons pas dans des détails de chiffres bien grands; ceux qui connaissent les localités pourraient seuls en apprécier l'exactitude, et pourront les faire sans notre secours; nous nous bornerons à un aperçu.

L'occupation d'une frontière (car c'est à cela que se réduit notre guerre) se compose de deux élémens; la garde des villes ou postes, la surveillance des routes qui les unissent; par conséquent des garnisons passives et des colonnes agissantes.

Nous pensons qu'il y aura tout avantage à

multiplier les points fortifiés, pour permettre de réduire l'effectif des colonnes. Un corps qui se trouve toujours voisin d'une garnison bien protégée par ses défenses, est plus fort que s'il s'augmentait de cette garnison même. Nous supposons donc chaque lieu d'étape marqué par une position dont l'importance variera ; mais qui sera calculée d'après l'expérience, démontrant que 100 hommes bien fortifiés se défendent contre toutes les entreprises des Arabes, et qu'une ville comme celle que nous aurions à occuper peut être gardée et contenue au besoin par 500 hommes. Nous admettons aussi, avec les généraux qui ont écrit sur cette matière, que 4,000 combattans passent partout en Afrique ; bien plus sûrement encore s'ils sont toujours voisins d'un point de retraite bien assuré.

Or, à l'époque à laquelle l'armée d'Afrique n'était que de 17,000 hommes, les trois provinces pouvaient mettre en mouvement 7,000 combattans environ, savoir :

Alger	3,000
Oran	2,000
Bone	1,500
Bougie	500
Total	7,000 hommes.

On nous accordera sans doute que ces 7,000 hommes suffiront à l'occupation passive de la ligne de Constantine à Stora et des nouveaux camps d'Alger, qui d'ailleurs se substituent en grande partie aux anciens. 17,000 hommes suffisent donc, en tenant compte des non valeurs de tout genre, à l'occupation des points occupés aujourd'hui, surtout avec le concours des milices urbaines qui ont pris quelque importance, soit. . . . . 17,000 hommes.

La ligne que nous proposons d'occuper n'a pas plus de 80 lieues de longueur, soit quinze faibles journées de marche, ou quinze postes qui comporteront moyennement 250 hommes; en tout environ. . . . . 4,000.

Total suffisant à la garde *passive* de tous les points occupés. . 21,000 hommes.

D'autre part...	21,000 hommes.
Pour arriver au chiffre 40,000, qui est inférieur de 8,000 à ce qui a été entretenu cette année en Afrique............	40,000
Il resterait............ qui fourniraient, déduction faite de 3,000 soldats livrés largement aux non valeurs nouvelles....	19,000 hommes 3,000
un chiffre de...........	16,000 hommes

effectifs et disponibles fournissant quatre colonnes, de 4,000 hommes chacune, affectées aux opérations extérieures.

C'est donc seulement 16,000 hommes que nous demandons à une armée de 40,000. Elle pourra toujours les fournir, surtout si l'on remarque que l'espèce de guerre à laquelle nous nous bornons se rattache aux sept mois de l'époque saine en Afrique. On ne nous accusera point d'exigence en effectifs disponibles, et c'est là un des avantages du système qui, reposant sur l'occupation d'une frontière, réduit à peu de chose l'importance des opérations extérieures d'une armée.

Décomposons maintenant dans les différentes armes ce chiffre de 40,000 hommes . 40,000

Chaque colonne devra, indépendamment des cavaliers auxiliaires, avoir 1,000 chevaux. Il faudra donc quatre régimens de 1,200 chev., 1,500 hom., en tout 4,800   6,000   6,000

Il resterait donc en infanterie de toute espèce.......... 34,000 hommes.

A déduire :
Artillerie.. . . . .   1,500 hommes
Génie.   1,200
Administration
et hommes non
armés.   1,800
   Total.   4,500   4,500 hommes.

Reste en infanterie proprement dite................ 29,500 hommes.

Les corps spéciaux à l'Afrique, composés de dix bataillons, peuvent fournir un effectif de . . . . . 7,000 hommes.

Reste à tirer des garnisons de France.................. 22,500 hommes, ou neuf régimens à trois bataillons de 2,500 hommes chacun. C'est moins qu'il ne s'en trouve en ce moment en Afrique.

Les régimens de l'armée active se recrutant tous dans ceux qui tiennent garnison en France, leurs dépôts ne doivent être que des centres d'administration. Les cadres des troisièmes bataillons, s'ils y restent, sont perdus de toute manière pour la force réelle de l'armée, qui conservera 78 régimens intacts, quant à ses cadres, si l'on rend générale la mesure d'envoyer en Afrique les troisièmes bataillons.

Des quatre colonnes mobiles, une serait consacrée à la province de Constantine, où elle pourra, au besoin et ainsi que l'expérience le prouve, se dédoubler pour multiplier son action. Les autres agiront entre Alger et Oran. Leurs points d'appui principaux seront Alger, Belida, Medeah, Miliana, Mascara, Mostaganem, Arzew et Oran.

Leur force serait dès à présent augmentée par 1,500 cavaliers indigènes dont nous disposons déjà. Cette ressource augmenterait encore, et l'on pourrait bientôt, selon nous, réduire à trois le total des colonnes et l'armée à 36,000 hommes; chiffre au-dessous duquel il ne faudrait pas descendre.

C'est bien succinctement que nous donnons les bases du calcul de l'effectif de l'armée d'Afrique et de son emploi pour la guerre ; nous n'avons pas en effet le désir d'écrire un traité d'art militaire. Ceci est écrit surtout pour nos camarades d'Afrique, et nous n'avons à leur apprendre ni comment se défend un poste ni comment se conduit ou s'organise une colonne. Toutefois, pour ce qui concerne cette dernière question, que peu d'entre nous n'ont pas souvent traitée avec eux-mêmes, et qui a fait éclore tant de projets de colonne mobile, nous dirons que si nous n'avions craint de choquer les idées absolues que l'on s'est faites de la force de notre infanterie en Afrique, nous aurions voulu que la cavalerie entrât pour moitié dans la composition de nos colonnes. Notre infanterie est forte contre les Arabes, cela est très-vrai ; mais pour leur résister, non pour les atteindre, et c'est d'arriver vite qu'il s'agit ici. Si l'on adoptait cette proposition, il serait toujours possible de laisser au besoin l'infanterie sous l'un de nos postes permanens. La cavalerie, assez forte pour s'isoler un moment, pourrait utiliser alors sa vitesse et sa mobilité, et il ne serait même pas nécessaire qu'elle se séparât de l'infanterie. En 1835, l'émir, auquel nous avions dérobé notre retraite du Sig sur Arzew, mit son infanterie sur la croupe de ses chevaux, et sut ainsi nous devancer au défilé de la Macta.

Au reste, en ce qui touche à la mobilité des colonnes, elle se compose 1° de la mobilité des hommes, 2° de celle des bagages.

1° Les hommes ne seront mobiles que lorsqu'ils ne porteront rien de ce dont nous farcissons leurs sacs [1], et notre ligne aurait

[1] A la deuxième expédition de Constantine, un officier-général voulant adresser une parole d'encouragement à un soldat indigène du corps des zouaves, où cependant on évite sagement de charger les hommes, et le consoler de l'énorme poids que la nécessité de la route avait obligé à imposer à chacun, lui disait : « Courage, zouave! — Moi, répondit tranquillement cet homme, moi non zouave, moi *chameau!* »

cela de bon que, ne voulant jamais nous en écarter beaucoup, la prévoyance qui charge tant nos soldats serait facile à rassurer. Nous renoncerons non seulement aux couvertures et aux sacs de campement (ces derniers bien utiles cependant), mais aussi à la capote : la veste et le collet à capuchon sont ce qu'il y a de mieux. Ainsi nos sacs ne renfermeront absolument que la réserve de cartouches et les vivres portatifs qui, d'après la composition adoptée en Afrique, ne formeraient qu'un poids de 3 k. 75 pour huit jours d'absence, maximum de ce que l'on aurait à demander à une colonne ne devant pas s'éloigner beaucoup de la frontière.

Les colonnes mobiles partant d'un centre où il faut qu'elles reviennent, n'ont qu'une action bien limitée, à moins que l'on ne veuille leur imposer pour vingt-cinq jours de vivres; ce qui en fait des colonnes immobiles. Les nôtres pourraient parcourir quatre-vingts lieues de pays et faire de fréquens détours sans craindre pour leurs ressources.

2° Mobilité des bagages est une bataille de mots : il n'y a pas de bagages mobiles. Ce qu'il faut faire, c'est d'en avoir point ou peu. Nous voudrions, pour tous bagages, les allocations actuelles par bataillon, et en outre un mulet par compagnie portant :

Les vivres des officiers........	25 k. environ.
Les ustensiles de cuisine de la compagnie...............	25
L'eau-de-vie pour huit jours...	30
Le sucre et le café *id*.......	20
Une réserve de souliers......	15
L'orge pour le mulet........	25
En tout................	140 k.

Il resterait sur ce mulet place pour un blessé et plus tard pour deux, à mesure de la consommation de la charge. Il n'est pas impossible de combiner la forme des cantines avec la condition de servir de siéges. Les ustensiles de cuisine auraient une forme qui se prêterait, comme celle des gamelles, à la pénétration, pour en réduire le volume et l'embarras, etc., etc., etc.

En ajoutant à ces moyens de transport les mulets d'ambulance centrale, ceux des chefs supérieurs et des cantiniers autorisés, une colonne de quatre mille hommes n'aurait que cinquante mulets, soixante au plus, et pourrait porter jusqu'à cent blessés. Joignez-y les bœufs nécessaires, cent environ, pour pouvoir porter la ration de viande à 0 k. 75; ce qui nous paraît désirable pour faciliter un service actif, et l'on resterait alors vraiment dans des conditions de mobilité.

Si l'on ne pouvait compter sur l'orge des chevaux dans le pays parcouru, il faudrait ajouter au nombre précédent dix mulets pour chaque jour, en sus des quatre premiers : en tout donc et au maximum cent mulets et cent bœufs.

Nous ne parlons pas de l'attirail d'artillerie; les batteries de montagnes, qui seraient par moitié dans les colonnes, sont mobiles pour ceux qui savent les manier; la nature des opérations d'ailleurs n'exigerait que peu de munitions dans la réserve.

Nous ne nous arrêtons pas davantage à ces idées, qui ont dû venir à tout le monde. La difficulté n'est pas de former des colonnes mobiles, elle consiste à rendre leur mobilité *durable;* la ligne proposée a surtout cet avantage.

§ IV.

Le projet annoncé en ce moment, de lier Alger et Constantine par une route militaire, est une opération du genre de celle que nous voudrions voir entreprise dans l'ouest de la régence. Le gouverneur actuel ne nous a point habitués à le voir se porter en avant sans projet définitif. Nous devons donc croire qu'en ouvrant la communication de Constantine, il a l'intention de l'occuper fortement. Mais combien cette tentative serait plus utile du côté opposé !

L'opération sur Constantine va inquiéter les populations kabaïles, que nous avons intérêt à laisser en repos. Nous ne sommes pas en guerre avec elles, elles nous fournissent même des cultivateurs. Ces populations pacifiques n'entendent cependant livrer ni leur territoire ni leur indépendance. S'emparer des Portes-de-Fer n'est, selon nous, qu'un pis-aller qui pourra donner un nouvel éclat au nom du chef qui dirige nos efforts, mais qui compliquera la question, là où nous aurions intérêt à la laisser dormir.

C'est sur les Arabes qu'il faut agir, et la ligne de l'ouest nous en fournirait un utile et beau moyen. Si la route de Constantine, qui n'est bonne que si elle a pour but d'assurer la prise de possession d'un vaste pays, doit renfermer, entre son tracé et la mer, les montagnes et les populations que nous devrions éviter et où il y a inconvénient à paraître, la route d'Oran, au contraire, séparerait de l'intérieur les plus beaux pays de la régence, les contrées les plus peuplées, les mieux arrosées, et par conséquent les plus riches; tendrait à soustraire à l'action d'Abd-el-Kader les tribus qui ne le connaissent que peu encore, celles qui, à une autre époque, se montrèrent disposées à nous accueillir.

Au reste, l'entreprise annoncée est elle-même un argument en faveur de la possibilité de celle que l'on propose. Si l'on objecte que le traité de la Tafna est un obstacle à cette dernière, et qu'au moins on a le mérite de faire en ce moment tout ce qu'il permet; que c'est un nouveau titre pour ceux qui dirigent les affaires, nous répondrons que nous sommes prêts à le reconnaître et à le dire; mais que pour nous, le vrai mérite sera non de faire tout ce que permet un traité que nous seuls avons observé jusqu'à ce jour, mais de le rompre comme il pourrait et devrait déjà l'être, et de procéder ensuite à ce qui est véritablement bien et profitable.

CONCLUSION DE CETTE NOTE.

Si la guerre en Afrique est une nécessité, il faut qu'elle soit faite d'une manière imposante pour celui qui se déclarera notre ennemi, rassurante pour celui qui voudra ne pas l'être.

La guerre servant un système d'extension progressive s'attaque aux Arabes même que nous voulons rassurer et soumettre. C'est un grand vice ; il faut tout d'abord en porter le théâtre au-delà du pays que nous pouvons occuper avec nos moyens.

L'occupation d'une frontière tracée par une bonne route défendue par des postes à chaque lieu d'étape, allant d'Alger à Oran, remplit ce but, en soumettant les tribus ainsi enveloppées à un grand ascendant militaire et moral et les soustrayant à l'action de l'émir, notre véritable ennemi, et en ne lui laissant d'autre ressource que de s'y présenter à son tour en ennemi.

Un pareil système, qui procurerait à des populations laborieuses une protection efficace, nous gagnerait bientôt de nombreux auxiliaires. Nos seuls efforts tendraient à compenser par des prises les pertes accidentelles de nos alliés.

Notre guerre serait alors non plus une guerre générale, ne connaissant ni alliés, ni sujets; ce serait une guerre de justice et de réparation, qui nous donnerait une position politique intelligible aux Arabes et respectée par eux.

Un pareil système militaire exigerait moins de soldats que n'en demande en ce moment une paix dont nous seuls sommes esclaves.

FIN.

TABLE.

Pages.

NOTE PREMIÈRE. Des autorités indigènes établies sous la direction ou sous le patronage de la France......... 5

NOTE II. Faut-il concentrer tous nos efforts sur la province de Constantine, et renoncer, soit momentanément, soit pour toujours, à nous étendre dans l'ouest et au centre de la régence ?........................... 73

NOTE III. De la nouvelle gendarmerie d'Afrique...... 89

NOTE IV. Sur le projet de coloniser la régence d'Alger.. 103

NOTE V. De la religion musulmane sous le rapport de l'obstacle qu'elle nous oppose................... 161

NOTE VI. De la guerre en Afrique................... 201

www.ingramcontent.com/pod-product-compliance
Lightning Source LLC
Chambersburg PA
CBHW070634170426
43200CB00010B/2018